LA BIBLE

DE LA

LIBERTÉ

UNICURSAL

Éditions Unicursal Publishers
unicursal.ca

ISBN 978-2-89806-360-2 (PB)
ISBN 978-2-89806-371-8 (HC)

Première Édition, Litha 2022

LA BIBLE

DE LA

LIBERTÉ

PAR

L'ABBÉ CONSTANT
(ELIPHAS LÉVI)

1841

UNICURSAL

PRÉFACE.

A vous tous, cœurs souffrants, malades et brisés, qui avez besoin d'amour, et qu'on n'aime pas en ce monde mauvais.

À vous exilés, qui voyagez sur la terre sans y trouver une patrie, et qui pleurez en regardant le ciel.

Espérez, mes frères ; car le consolateur ne tardera pas à venir.

Lorsque le Christ, abandonnant la terre, s'éleva glorieux dans les nuées du ciel, ses disciples se croyaient orphelins et pleuraient.

Mais des anges les consolèrent en leur disant : hommes de Galilée, pourquoi restez-vous là pleurant et regardant le ciel ? celui qui s'en va reviendra plus glorieux encore.

Et c'est ce que je vous dis, à vous, pauvres brebis délaissées d'une religion qui semble avoir quitté la terre.

Ne soyons pas des hommes de Galilée ; le monde entier est notre patrie.

Et notre Dieu n'est pas seulement le Dieu de Jérusalem ou de Rome ; c'est le Dieu de tout l'Univers.

La synagogue des Juifs croyait avoir seule des promesses d'Éternité ; et voilà que le Christ est venu une fois, et a aboli la loi de Moïse, en l'accomplissant d'une manière plus sublime.

Il est vrai que Moïse avait annoncé un autre prophète.

Mais le Christ n'a-t-il pas annoncé la venue de l'esprit d'intelligence qui enseignera toute vérité, et qui fera de l'humanité une famille de prophètes ?

J'ai encore beaucoup de choses à vous enseigner, dit-il à ses apôtres ; mais vous ne pouvez maintenant les supporter.

Il est nécessaire que je quitte la terre, ajoute le sauveur ; car si je ne m'en vais point, le consolateur ne viendra point ; mais lorsque je m'en irai, je vous l'enverrai.

Le Christ doit donc faire place sur la terre au consolateur.

Si le grain jeté dans la terre ne meurt point, dit encore le maître, il reste seul et infructueux ; mais s'il se corrompt et meurt, il rapporte des fruits en abondance.

La semence du Christ a donc dû mourir pour germer.

C'est pourquoi, pauvre peuple attelé à la charrue, console-toi : la moisson sera belle.

Voici venir le temps annoncé par le prophète Joël.

En ces jours-là, dit le Seigneur, je répandrai mon esprit sur mes serviteurs et sur mes servantes ; et l'homme ne dira plus à son frère : connais le Seigneur ; car tous le connaîtront et l'aimeront dans la liberté de l'esprit.

Voici ces jours de plénitude qui succéderont à la stérilité et à la grande apostasie ; ces jours de la virilité chrétienne dont parle l'apôtre, lorsqu'il promet à l'humanité qu'elle sera un jour délivrée des lisières de la hiérarchie et du despotisme des prêtres.

La nouvelle synagogue est devenue stérile comme l'ancienne ; et cette Lia, aux yeux malades, est jalouse des enfants de Rachel.

J'entends déjà le conseil de Caïphe crier contre moi : *il a blasphémé !* Et des voix hypocrites répondre sourdement : *il mérite la mort !* Je ne m'en étonne pas ; j'ai lu le récit de la passion du maître.

Mais, comme l'ancienne, la nouvelle synagogue doit confesser son impuissance devant les Césars dont elle est l'esclave, et dire : crucifiez-le ; car il ne nous est plus permis de tuer personne.

Le sceptre est donc tombé des mains de Judas, et vous êtes obligés de flatter ceux que vous haïssez, afin qu'ils se fassent bourreaux et qu'ils servent à votre haine.

Frères, je vous pardonne et je vous plains ; et Dieu m'est témoin que je voudrais être anathème pour vous ; mais j'obéirai à Dieu plutôt qu'aux hommes.

Les signes annoncés ont paru : le cadavre attire les aigles, et l'éclair de l'intelligence brille de l'orient à l'occident.

Voilà le second avènement du Christ incarné dans l'humanité ; voilà l'homme-peuple et Dieu qui se révèle.

Hosannah à celui qui vient au nom du Seigneur !

I.

DIEU.

DIEU est l'être. Il est parce qu'il existe quelque chose : et ce qui est, est Dieu.

Dans tout ce qui existe nous concevons l'être et nous ne comprenons pas le néant : nous ne pouvons douter de l'existence de l'être ; mais nous ne savons pas pourquoi il est, ni ce qu'il est.

La raison première de l'être est un mystère que l'homme ne peut pénétrer : il faut pourtant que cette raison existe et qu'elle ait existé toujours car nous ne supposons pas que rien puisse naître de rien. Cette raison doit être intelligente, puisque l'intelligence existe ; elle doit être bonne, puisque le mal n'est qu'une privation d'être, et que la plénitude de l'être soit au moral, soit au physique, constitue ce que nous appelons le bien.

Or, une intelligence bonne doit être expansive, et la bonté qui s'épanche n'est autre chose que l'amour. La raison première est donc *intelligence* et *amour*.

Mais la raison de l'être n'est pas hors de l'être ; autrement l'être ne serait plus.

Dieu n'est pas hors de la nature, puisque les hommes sont convenus d'appeler Dieu la cause première : Dieu est dans tout ce qui existe ; on dit qu'il crée toute chose : parce qu'il est la cause de l'existence de toute chose : mais cette cause ayant existé toujours, n'a jamais été sans produire son effet. Rien de ce qui existe n'a commencé ; et les formes qui varient sans cesse sont elles-mêmes le résultat nécessaire des combinaisons éternelles des nombres, qui se meuvent en cercle autour de la grande unité.

Quand une heure sonne à ce cadran immense, une création nouvelle apparaît ; mais elle sort de la précédente, comme pour nous le temps sort du temps ; l'horloge de l'éternité roule et déroule sans cesse son mouvement infini, et les insectes qui pullulent dans la poussière de ses rouages comptent de longues suites de siècles entre les mouvements rapides de son balancier.

A quoi comparerai-je encore la cause première, dans son repos laborieux au centre du cycle éternel ?

Elle est comme une bouche qui aspire, respire et aspire sans cesse.

Son souffle chasse dans l'espace des milliers

de mondes nouveaux; puis ses lèvres mystérieuses s'entr'ouvrent et les attirent par une aspiration ineffable.

Ainsi Dieu rejette et absorbe, il réprouve et il choisit; mais il ne repousse que pour attirer, et les damnés d'un monde qui finit sont les élus d'un monde qui commence.

Car l'être qui repousse le néant s'épanche; et l'être qui attire le néant absorbe la mort dans la vie.

Dieu est comme la mer qui a son flux et son reflux, sans que ses eaux augmentent ou diminuent.

O hommes qui regardez le ciel, pourquoi cherchez-vous Dieu hors de vous? Est-ce que vous ne sentez pas votre existence?

Dieu est en vous puisque vous êtes: mais qu'est-ce que Dieu est en vous?

Il est intelligence; puisque vous comprenez. Il est amour; puisque vous aimez. Il est expansion par la forme et la voix, puisque vous avez une forme et une voix. Et maintenant pourquoi me dites-vous de vous montrer le Père? Regardez-vous vous-mêmes, et vous aurez vu le Père; regardez-moi, et vous aurez vu Dieu, car le Père est en nous et nous sommes en lui.

Allez à l'Orient et à l'Occident; montez sur le char volant des nuages et courez sur l'aile des vents; volez à travers l'immensité sur les sentiers des étoiles du matin : vous pourrez voir d'autres formes et entendre des voix jusqu'alors inconnues à votre oreille, mais vous ne verrez pas un autre Dieu.

Que parlez-vous du ciel ? Le ciel est l'espace où flottent les mondes. La terre que vous habitez est un atome perdu dans l'atmosphère céleste et qui reluit dans un rayon d'une étoile. Vous êtes dans le ciel ; et la terre n'est que l'escabeau de vos pieds. Que voulez-vous chercher dans l'espace ?

Dieu n'est pas plus dans le ciel que sur la terre ; mais il est dans tout ce qui est, et il est tout ce qui est.

Il est tout entier partout et il n'est contenu nulle part.

Il se révèle où se manifeste la vie ; et il se cache dans les ténèbres qui nous font rêver la mort.

Mais la mort n'est pas : car elle ne peut être en même temps que la vie ; et le néant ne peut être que lorsqu'il n'est pas.

Que celui qui a des oreilles pour entendre s'applique à entendre ! Pourquoi êtes-vous tristes et délaissés, enfants altérés de vérité et d'amour ?

Oh ! regardez et voyez combien Dieu est beau ! comme il resplendit dans le soleil ! comme il est suave dans l'azur du firmament ! comme il rit dans l'air embaumé par les fleurs ! comme il est riche sur la terre !

Eh quoi ! vous secouez la tête et vous pleurez !

vous sentez un vide dans votre cœur et vous vous découragez de vivre !

Oh ! sachez qu'il n'y a point de vide en vous : c'est la plénitude de Dieu qui déchire votre âme pour la dilater.

Vous êtes tristes parce que l'heure de l'enfantement est venue ; et vous ne sentez que le mal, parce que le mal en vous est en travail du bien.

Consolez-vous ; le bien existe ; le bien est éternel : le bien c'est Dieu.

Et c'est en lui que nous vivons, que nous nous mouvons et que nous sommes.

Ne pleurons pas, enfants nouveau-nés, parce que nous ne voyons pas encore notre mère qui nous a enveloppés de langes, et qui nous berce sur son cœur.

Encore quelques jours, et nos yeux s'ouvriront, et nous verrons les siens nous sourire.

II.

L'HOMME.

L'HOMME est le fils de Dieu et l'héritier de son royaume.

Le royaume de Dieu c'est la forme qui est régie par la pensée. C'est, si l'on veut employer ce langage, la matière qui doit obéir à l'esprit.

Mais la matière et l'esprit ne sont pas deux êtres, et c'est en cela que les philosophes ont erré.

Car l'être est un : et ce qui est n'est que dans l'unité.

L'homme est Dieu, parce qu'il est ; mais pouf être, il faut qu'il soit libre : car l'esclave ne vit pas.

Il est le membre de son maître, et son maître seul vit en lui.

Si l'homme n'eût pas manifesté en lui-même la liberté de Dieu, l'homme n'eût été qu'un animal docile; mais à l'animal docile il a préféré l'ange rebelle, et il a entraîné Dieu dans sa chute.

Et c'est pourquoi du fond de cette chute sublime, il se relève triomphant avec le Christ et entre glorieux dans le royaume du ciel.

Car le royaume du ciel est le règne de l'intelligence et de l'amour; et l'intelligence et l'amour sont enfants de la liberté.

Dieu a donné la loi à l'homme comme un rempart, qu'il devait emporter d'assaut pour entrer dans la vie.

Il a donné à l'homme la liberté comme une douce et virginale amante; mais pour éprouver son cœur, il a fait surgir entre lui et sa fiancée le spectre effrayant de la mort.

L'homme a vu la beauté de cette jeune reine et il l'a aimée; et pour elle il a fait tout ce que Dieu venait de faire pour lui : il a donné cette vie que Dieu lui avait donnée!

Il l'a aimée, non plus déjà comme peut aimer un homme, mais comme doit aimer un Dieu : d'un amour plus fort quoi la mort, plus invincible que l'enfer.

Et il s'est élancé au devant de l'aiguillon de la mort, les bras tendus vers sa royale amante; et le fantôme vaincu s'est évanoui, l'homme avait embrassé la vie.

Mais comme Jacob, qui, après avoir épousé Rachel, dut l'acheter encore par sept années de servitude, l'homme doit payer sa liberté par sept mille ans de luttes et de pénibles travaux.

Ne croyez pas que l'homme meurt: car l'humanité n'a qu'une grande âme qui passe de génération en génération.

L'homme est le phénix symbolique qui se consume et renaît de lui-même.

Les atomes qui figuraient son corps se transforment en d'autres corps: son âme animale s'écoule dans l'atmosphère de la vie, et son esprit retourne ou plutôt demeure en Dieu.

Et les atomes ne cesseront de se mouvoir que lorsque la plénitude de l'intelligence leur révélera l'ordre parfait: alors toutes les formes ébauchées dans la suite des temps se réaliseront; et c'est ainsi que nous ressusciterons glorieux.

C'est alors aussi que l'image de la mort sera détruite avec le temps, et que la vie triomphante resplendira seule dans le grand jour de l'éternité.

Alors Dieu soufflera de nouveau et lancera dans l'infini une création nouvelle.

Et nous vivrons alors en lui d'une plus abondante vie; et nous descendrons dans ses œuvres avec le souffle de sa pensée; nous parcourrons de nouveaux lieux sur les ailes de son amour.

Nous serons les aînés d'une race nouvelle; les anges des hommes à venir.

Nous irons, messagers célestes, porter

jusqu'aux limites de l'infini des nouvelles de Dieu.

Pour traverser l'océan de l'espace, les étoiles seront nos blanches nacelles.

Nous nous transformerons en douces visions pour reposer les yeux qui pleurent; nous cueillerons des lys rayonnants dans des prairies inconnues, et nous en secouerons la rosée sur la terre.

Nous toucherons la paupière de l'enfant qui s'endort, et nous réjouirons doucement le cœur de sa mère au spectacle de la beauté de son fils bien-aimé.

III.

LA FEMME.

L'HOMME est l'amour de l'intelligence, la femme est l'intelligence de l'amour.

La femme est le repos et la complaisance de Dieu, la fin de sa révélation et la couronne de ses œuvres.

La femme est avant l'homme, parce qu'elle est mère, et l'homme doit l'honorer, parce qu'elle enfante avec douleur.

Dans l'essence de Dieu, l'intelligence est avant l'amour; mais dans la manifestation, l'amour précède l'intelligence.

C'est pourquoi la femme est plus que l'homme dans le monde.

Elle a aussi précédé l'homme dans le péché et dans la gloire; elle a donné sa vie pour la liberté, et l'homme a donné sa vie pour elle.

Ainsi elle s'est fait Dieu en absorbant son être

dans un rayon de la divinité, et l'homme l'a vue alors si belle, qu'il l'a adorée.

Mais bientôt le serpent s'est glissé dans son cœur, et l'homme a voulu disputer la divinité à sa compagne.

Or, comme l'amour ne convoite pas, il n'a pu se servir de l'amour : il a eu recours à la force.

Et il s'est vengé de la captivité de son cœur en enchaînant brutalement les mains délicates de sa reine.

Et la femme a été une mère de douleurs frappée par la main de ses enfants.

L'homme a convoité sa beauté, et a voulu faire rentrer dans son propre flanc cette portion de sa chair si glorieusement déifiée.

Et il a régné par une puissance matérielle et aveugle sur celle que son amour est forcé d'appeler *Maîtresse*.

Et la femme a été comme le Christ, qui a conquis le monde par sa patience dans les douleurs.

O Eve, je te salue et je t'adore dans ta chute triomphante !

O Marie, je te salue et je t'adore dans tes larmes !

Car tu as été crucifiée avant Jésus, et tu mourais pour lui tous les jours avant qu'il ne mourût pour toi.

Mais tu vas avec lui ressusciter glorieuse, et

vous consommerez dans la gloire votre mariage éternel.

Moïse a nommé Dieu son Seigneur ; Jésus l'a appelé son père ; et moi je dirai *ma Mère*.

Israël a craint le Seigneur et l'a servi ; les chrétiens ont honoré le Père et se sont soumis jusqu'à la mort à l'exemple du Fils.

Mais les enfants de la nouvelle Eve adoreront et aimeront leur mère dans les délices de l'esprit d'amour.

Et la mère les portera dans ses bras, les nourrira de sa mamelle, les consolera par ses caresses et les endormira sur son cœur.

Et tous les hommes seront simples et doux comme de petits enfants ; ils se verront tous souriant au même sourire et se réunissant sous les mêmes baisers.

Et ils sentiront qu'ils sont frères, et ils se tendront les bras.

Et dans une douce et naïve étreinte ils se diront qu'il est bon d'être ensemble et de s'aimer.

IV.

LA CRÉATION.

L'AMOUR féconde l'intelligence par un embrassement éternel ; et l'être jaillit à flots de l'extase de leur bonheur.

L'être est une création incessante dont la forme, inépuisable dans ses richesses, raconte les ineffables merveilles.

L'intelligence est le miroir où l'amour veut se regarder, et il revêt tour-à-tour les figures de tous les êtres, comme une jeune fiancée qui essaie ses parures la veille de son hymen ; et il se regarde ; et sous toutes ces formes il se trouve beau et aspire à se reproduire.

Il embrasse la beauté qu'il aime ; et les êtres descendent par couples du sein fécond de la bien-aimée.

Et ces couples, images de l'amour, s'aiment, s'embrassent et se reproduisent.

Et dans l'union qui les féconde ils sentent la

divinité tout entière : car leurs sens deviennent alors une âme, et leur âme n'est plus qu'amour.

Et dans cet amour qui s'épanche, ils sentent jaillir de leur sein la fécondité éternelle.

Car la création n'a jamais commencé, et elle ne finira jamais.

La pensée divine s'est produite dans le monde par des images successives ; et dans ces images, Dieu se parlait à lui-même.

Il se regardait dans son ouvrage et il se reconnaissait Dieu ; et il s'est adoré vivant dans ce qu'il avait fait.

Dès qu'il se fut reposé dans l'homme, le septième jour, il se mit à regarder son ouvrage et à le trouver parfaitement beau.

Et l'homme adora Dieu successivement dans toutes les merveilles de sa puissance.

Les éléments, les astres, les poissons, les oiseaux, les reptiles, les animaux et l'homme même eurent des autels : c'est ainsi que la création se complut en elle-même, et que Dieu se connut et s'aima sous les magnifiques vêtements dont une semaine mystérieuse et solennelle le voyait changer tous les jours.

Et la création, qui s'était accomplie sur la terre, se reproduisait dans le ciel.

Les six mille ans qu'a déjà duré notre monde sont la grande semaine de la création divine.

Le Christ a été l'Adam céleste que Dieu a fait à son image le sixième jour.

Maintenant cet homme s'ennuie d'être seul, et il est tombé dans une profonde léthargie.

Et Dieu va tirer la femme de son côté ouvert par la lance ; et cette femme sera la mère des vivants, et le ciel et la terre l'adoreront.

Elle sortira du côté du Christ, et ont elle est déjà la mère ; et elle deviendra son épouse, et leur premier baiser aura pour fruit un bonheur qui ne finira plus.

Et les pauvres, et les aveugles, et les boiteux seront conviés au festin des noces et recevront la robe nuptiale, et les affligés seront saisis d'une grande joie, et ils se regarderont les uns les autres avec une grande douceur et un ineffable sourire, parce qu'ils auront pleuré longtemps.

V.

LA TRINITÉ.

QUAND l'homme encore enfant eut enchaîné sa mère, il tomba sous la puissance d'un père inflexible et jaloux.

Le destin eut des lois de fer, Arimanes s'enivra de larmes, et Moloch dévora ses enfants.

Jéhovah tonna sur le mont Sinaï; et Jupiter, assis au sommet nébuleux de l'Olympe, ébranla l'univers d'un mouvement de ses sourcils.

Mais Dieu n'était si terrible que pour la conscience troublée d'un enfant coupable: car l'enfance de l'humanité eut aussi ses jeux et ses fêtes que le ciel bénissait d'un mystérieux sourire; et le père, comme enivré, laissait échapper alors les secrets de son cœur.

Le Zéphyre enlevait Psyché dans les palais enchantés de l'Amour; et la désobéissance de l'amante en faisait une épouse et une déesse, après les épreuves de l'exil et de la mort, sous la colère de Vénus.

Adonis, victime du sanglier qu'il avait immolé, faisait pleurer la Beauté et l'Amour. Ainsi se révélait déjà le triomphe douloureux du Christ et la récompense future de l'humanité exilée.

Une loi fut alors donnée au monde pour renouveler la tentation d'Adam. Cette loi établissait un pacte de servitude qui aurait pour prix des jouissances animales. Les esclaves se soumirent à la loi et se perdirent par la loi. Les enfants n'obéirent qu'à la liberté et furent sauvés par l'amour.

C'est pourquoi les juifs furent réprouvés et déicides, et c'est pourquoi aussi les gentils furent appelés au salut.

C'est pourquoi ceux qui se croient encore aujourd'hui les héritiers des promesses, et qui sont les esclaves de la loi, crucifient le Sauveur une seconde fois, tandis que l'esprit descend sur les réprouvés de ce monde et sur les enfants des rebelles.

Moïse a protesté contre Pharaon, Jésus contre les faux zélateurs de Moïse, Luther contre les faux zélateurs de Jésus, et l'esprit proteste à la fois contre quiconque n'est pas avec Moïse, Jésus et Luther, l'apôtre de la liberté.

Car toute loi qui comprime l'élan de l'humanité vers la vie, est une épreuve de l'amour.

Pour se sauver par la loi il faut l'enfreindre; et pour être digne de Dieu il faut oser lui désobéir.

Mais croyez-vous que l'homme puisse résister à la volonté de Dieu?

La volonté de Dieu est que l'homme soit libre. Car alors seulement il peut le regarder avec amour et le nommer son fils.

Et les esclaves de la loi qui se font les tyrans des consciences, et les serviteurs de la crainte, et les avares d'espérance , et les pharisiens de toutes les synagogues et de toutes les religions, sont maudits.

Ils sont restés dans les ténèbres extérieures, au lieu d'entrer dans la salle du festin.

Ils ont voulu sauver leur âme, et ils l'ont perdue; la liberté les a dédaignés, parce qu'ils ont cru que cette fille de Dieu avait sa demeure en enfer.

Aussi, lorsque le fils de Dieu est venu dans le monde, ils l'ont attaché à la croix, et tous les rebelles à la loi se sont attachés au Crucifié.

Ils ont été chassés et proscrits par la synagogue; ils ont été proscrits par les tyrans jusqu'à la mort; et ils ont triomphé.

Dieu alors s'est montré à eux sous la figure sanglante et victorieuse de Jésus sorti de la tombe; et ils l'ont appelé leur frère.

Ils ont vengé la mort du Christ sur le monde

qui l'avait condamné ; et ils ont soufflé partout le feu que Jésus était venu apporter sur la terre ; et ils ont partout promené le glaive que sa parole avait aiguisé.

Le règne du Christ a été un règne de destruction : les chrétiens ont protesté par l'abstinence volontaire contre l'usurpation des hommes sans amour ; et ils leur ont ainsi amassé pendant dix-huit cents ans des charbons de feu sur la tête.

En vain les rois ont mis la croix sur leurs couronnes : les couronnes se sont brisées ; et le gibet du Christ a écrasé le front des rois contre la terre.

Mais l'épreuve judaïque s'est prolongée encore sous le règne de Jésus : et le christianisme a eu sa synagogue et ses grands-prêtres.

Il s'est trouvé encore des hommes qui se disaient chrétiens et qui ne voulaient pas être libres ; des apôtres du Crucifié qui pâlissaient devant la croix ; des Judas qui vendaient leur maître pour trente deniers, afin de s'acheter une tombe et d'y dormir en paix.

Alors l'esprit a protesté contre la servitude où l'on voulait enchaîner les frères du Christ, et contre le grand veuvage du monde chrétien.

Luther a marié le Christ dans la personne du prêtre, et tous les vrais enfants de Dieu se sont élancés vers la liberté, leur amante, à la parole de Luther.

Et la liberté a brisé les derniers liens de la loi, et a révélé ce grand et unique commandement de Dieu , exprimé en trois mots, comme Dieu s'était révélé en trois personnes: *Comprenez, aimez et soyez libres*.

La crainte avait dit: Croyez, tremblez et obéissez.

Alors l'homme s'est réveillé comme d'un long sommeil; et il s'est réveillé entre les bras d'une tendre mère.

Ainsi il y a en Dieu trois personnes qui ne font qu'un même Dieu: un Père des hommes, un Fils de ce Père, qui a été homme comme nous pour nous aimer en frères, et un Esprit d'amour qui est tendre comme une mère et délicieux comme une épouse.

Pour les enfants, Dieu est père; pour les adolescents, il est frère; pour les hommes faits, il est amour.

Les trois personnes sont distinctes et égales en toutes choses: et elles sont l'une dans l'autre; et elles ne sont pas l'une sans l'autre.

Mais elles sont un seul et même Dieu.

Les juifs ont connu l'être de Dieu; les chrétiens ont adoré dans l'Évangile la fécondité éternelle de son intelligence, et les enfants de l'Esprit goûteront son amour inépuisable.

Ainsi Dieu s'est révélé trois fois au monde, toujours différent et toujours le même.

Et chacune de ses révélations a été annoncée par une, glorieuse désobéissance et par un nouveau sacrifice de l'homme à la liberté qui le fait Dieu.

L'amour ne fait point de menaces, et l'obéissance est fille de la crainte.

Or, la crainte exclut l'amour. Qu'un tyran dise : Aimez-moi, ou je vous tue : l'esclave aura peur et mentira ; l'homme libre rira du tyran et mourra.

Malheur à ceux qui ont pris Dieu pour un tyran : car ils seront rejetés dans les ténèbres extérieures, et ils s'y agiteront pour trouver l'amour, et ils ne le trouveront pas : il habite la lumière avec la sainte liberté !

Gloire au Père, au Fils et au Saint-Esprit ! au Père qui a enseveli dans la mer Rouge la tyrannie égyptienne, et qui protestait avec Moïse contre les exacteurs de Pharaon ! au Fils qui, du haut de sa croix, a jeté son sang sur le monde romain pour le vouer à l'anathème et qui a protesté avec Jésus contre le fanatisme des prêtres et l'égoïsme des puissants ! au Saint-Esprit qui bouleverse maintenant l'univers pour créer un monde nouveau, et lui a protesté avec Jean Hus, Luther et Lamennais contre l'oppression des prêtres, inquisiteurs de la pensée et le despotisme des rois meurtriers des corps et des âmes.

Chaque personne de la Trinité a créé et détruit un monde.

Et rien n'a été créé ni détruit : car le Fils est sorti du Père, et l'Esprit procède du Père et du Fils, et l'Esprit est dans le Fils , et le Fils est dans le Père.

Mais chaque personne a sa manifestation plus spéciale ; et c'est toujours le même Dieu.

VI.

LUCIFER.[1]

L'ANGE de la liberté est né avant l'aurore, et Dieu l'a appelé l'*étoile du matin.*

Gloire à toi, ô Lucifer, parce qu'étant la plus sublime des intelligences, tu as pu te croire l'égal de Dieu !

Et tu es tombé comme la foudre, du ciel où le soleil te noyait dans sa clarté, pour sillonner de tes propres rayons le ciel obscur et majestueux de la nuit.

Tu brilles quand le soleil se couche, et ton regard étincelant précède le lever du jour.

Et quand le jour aura vaincu les ténèbres, tu ne t'éteindras pas, étoile solitaire ; mais tu t'élanceras au sein du soleil, dont les rayons n'effa-

---

1 *Lucifer* veut dire l'ange de la lumière, ou autrement de la science. Il était digne des siècles d'ignorance d'en faire le prince des démons.

ceront plus jamais ta splendeur. Tu reviendras victorieux et tu seras autour de Dieu comme un diadème de gloire ; tu brilleras sur son cœur comme un diamant.

Le Père t'armera de sa foudre ; le Fils te donnera un sceptre surmonté d'une croix ; et l'Esprit, sous la figure d'une jeune vierge au doux sourire, posera sur ton front encore cicatrisé le premier baiser de son amour !

Et tu seras comme le guerrier triomphant qui rentre aux foyers de son père.

Et l'on t'appellera la lumière du monde, bel ange de la liberté !

Non, tu n'es pas l'esprit du mal, généreux esprit de la révolte et du noble orgueil ! Le mal, c'est le néant, c'est la privation du bien, et le bien c'est la liberté !

Car la liberté est fille de l'intelligence et mère de l'amour.

Périssent toutes les joies des esclaves ! elles ne peuvent éterniser que leur honte ! mais la gloire triompherait exilée dans le pleur éternel du proscrit.

Il a combattu contre Dieu, et il l'a vaincu ; car c'est être victorieux que d'avoir lutté contre lui.

Dieu ne peut être vaincu que par son égal, et son égal c'est lui-même.

O Lucifer ! tu es sorti du sein de Dieu, et Dieu t'a rappelé à lui.

Tu es le souffle de sa bouche et l'aspiration de son cœur.

Tu n'as pas écouté parce que tu as compris ; et tu n'as pas obéi parce que tu as aimé.

Gloire à toi, esprit d'intelligence et d'amour ! parce que, comme le Christ a souffert le supplice de la croix , tu as enduré le supplice de l'enfer ! le monde t'a maudit comme il l'a maudit, et comme lui tu as été compté au rang des morts ; mais voici que tu ressuscites, immortel rédempteur des anges !

Et le Christ qui, dans le ciel où il a régné, est encore couronné d'épines, va recevoir de tes mains une couronne d'or.

Car l'or a été épuré par les flammes, et les flammes sont éternelles comme le foyer d'amour qui les allume.

L'esprit d'amour est une fournaise qui brûle et consume la haine ; c'est un étang de feu toujours immobile et toujours actif.

Et l'enfer et la mort ont été jetés dans cet étang de feu, et désormais ils ne seront plus.

VII.

CAÏN ET ABEL.

La sensation, chez l'homme, se manifeste avant la pensée; il est initié à l'intelligence par l'amour; et par l'intelligence il aime davantage.

Il y a dans l'homme un ange semé pour ainsi dire et enseveli dans le corps d'un animal.

Or, la chair tend à étouffer l'esprit par la force aveugle de son inertie; et la vie animale craint le réveil de la pensée, qui veut à son tour l'enchaîner et la briser, pour s'affranchir de son étreinte.

Le premier enfant de l'humanité est un homme sauvage et dur qui cultive la terre.

Le second est un doux et bel adolescent qui conduit les troupeaux et contemple le ciel.

Et ils ne peuvent s'accorder ensemble: la chair tue l'esprit; l'homme de la terre abat l'homme du ciel; la force brutale prévaut un instant contre l'amour.

Afin que, dans un long exil, et par des remords infinis, elle apprenne ce qu'elle a perdu.

Et à l'homme qui a tué l'esprit une voix crie sans cesse au fond de son cœur désert : *Caïn, qu'as-tu fait de ton frère ?*

Et il va partout cherchant le repos ; et il ne le trouve pas.

Ce sont les enfants de Caïn qui ont les premiers bâti des villes ceintes de murailles, pour voler la terre aux autres hommes et pour se défendre contre la charité dont ils égorgeaient les enfants.

Ce sont eux qui ont inventé les maîtres et qui ont constitué en société infernale le despotisme et la servitude.

Afin de dévorer tranquillement la proie humaine qui tombait sous les flèches de Nemrod.

Et depuis le commencement jusqu'à ce jour, les fils de Caïn poursuivent et tuent les enfants d'Abel.

Mais la vengeance divine poursuit à son tour les assassins et les a marqués sur le front.

VIII.

LA CHUTE DES ANGES.

Les anges sont des hommes spirituels; et les hommes sont des anges terrestres.

Quelle est la demeure des anges du ciel, et quelle est leur félicité? Celui-là peut le dire, qui a sacrifié la contemplation des choses de l'éternité, toutes les joies de sa vie mortelle.

Le ciel est beau dans sa splendeur: car toute son harmonie est un long cantique d'amour.

Mais lorsque l'amour rayonne dans les yeux de la femme elle est plus belle que le ciel.

Et c'est pourquoi les anges sont tombés; ils ont été jaloux de la femme, et ils l'ont convoitée au lieu de l'aimer et de l'adorer.

Et la femme a été poursuivie par le serpent; et elle est tombée dans ses embûches!

Et depuis ce temps, captive de la force brutale et de la grossière convoitise, elle enfante dans la douleur l'homme d'intelligence et d'amour.

Et le dragon se tient devant elle, tout prêt à dévorer son fruit.

Mais l'enfant nouveau-né sera enlevé sur le trône de Dieu : et de là il brisera le monde avec une verge de fer.

L'ange du despotisme est l'ange du meurtre et de la débauche ; il hait la femme et la poursuit avec une rage implacable, mais la femme lui écrasera la tête.

L'esprit du mal n'est pas Lucifer, le glorieux rebelle ; c'est Satan, l'ange de la domination et de l'esclavage. C'est Satan qui tente le monde, et c'est Lucifer qui le sauve en le soulevant contre Satan !

Satan est le père de la loi ; Lucifer est le père de la grâce.

Le despotisme c'est la mort ; et la liberté c'est la vie.

Le despotisme c'est la chair ; et la liberté c'est l'esprit.

Le despotisme c'est l'enfer ; et la liberté c'est le ciel.

IX.

L'AMOUR.

CHERCHEZ au ciel et sur la terre; et vous ne trouverez rien de plus beau que l'amour, rien de plus doux que ses délices.

C'est une harmonie qui, de tous les êtres, s'élève vers Dieu, et qui, du sein de Dieu, s'écoule sur tous les êtres comme une inépuisable rosée.

L'amour ne connaît ni la loi ni la crainte; il est fils de la liberté.

Il est créateur comme Dieu, et veut tout donner à ce qu'il aime.

Les souffrances sont ses délices, et la mort est son triomphe, lorsqu'il peut souffrir ou mourir pour la bien-aimée!

Dieu est tout amour, et tout amour est Dieu; car la convoitise de la chair est la sueur de la haine, et blasphème le nom d'amour.

La haine de l'égoïste cherche à détruire pour

qu'il existe seul ; et son faux amour cherche à absorber pour jouir seul encore.

Et sa haine vaut mieux que son amour : car il vaut mieux périr sous les coups d'un méchant que de vivre de la vie d'un méchant.

La jalousie du véritable amour ne cherche que le bonheur de l'objet aimé.

Et celui qui aime aspire à donner son bonheur et sa vie : il ne veut de joies que pour les partager. Il sacrifierait même plus que sa vie ; car, pour le bien de ce qu'il aime, il voudrait renoncer même au bonheur d'en être aimé.

O mon Dieu ! quand je croyais que tu mettais ta gloire dans la vengeance, combien de fois, en m'avouant coupable, n'ai-je pas désiré l'enfer !

Un homme aimait une femme et devint son époux ; mais le cœur de la femme se prit d'amour pour un autre homme.

Et le mari de cette femme l'ayant su, feignit de l'ignorer, et se donna secrètement la mort, en léguant tout son bien à celle qu'il avait tant aimée.

C'est qu'il avait aimé cette femme d'un véritable amour : et cet homme était un enfant de Dieu quoique le suicide soit par lui-même un crime.

Un enfant de Satan eût égorgé la femme, et eût dit pour se consoler : Du moins elle ne vivra pas heureuse.

Tout ce qui peut se tourner en haine est déjà de la haine; et comme le feu éprouve l'or, les chagrins du cœur éprouvent l'amour.

J'ai aimé une jeune fille et je me suis perdu pour elle en ce monde; et parce que je ne pouvais lui donner que mou cœur, elle m'a méprisé et m'a délaissé; et son fol amour est devenu comme une porte ouverte â tous les étrangers.

Et je ne me suis point repenti de l'avoir aimée: car l'amour a sa récompense en lui-même; et si maintenant elle revenait à moi, je laverais sa robe souillée avec mes larmes, et j'essuierais ses yeux avec mes baisers.

Et je me réjouirais plus de son retour que si elle ne m'avait jamais abandonné: car je l'aime comme Dieu m'a aimé.

Et quand je la rencontre sur mon passage, je me détourne de peur de la contrister par mes regards, et de peur de la voir rougir.

Et quand je me rappelle les infidélités de ma vie, mon cœur est rempli d'espérance et de consolations; car j'espère que Dieu sera pour moi comme je suis pour la jeune fille.

Vous tous qui aimez, espérez en lui: car je vous dis, en vérité, qu'il a choisi son asile dans votre cœur.

X.

LA FOI.

La foi est la confiance de l'amour. L'enfant reçoit les aliments que lui a préparés sa mère et ne demande jamais s'ils ne contiennent pas quelque poison.

C'est que son amour croit à la sagesse et à l'amour de sa mère.

La Providence est notre mère: croyons à sa sagesse et à son amour.

L'enfant sait qu'il n'a pas assez d'expérience pour interroger son père et lui demander les raisons de sa conduite; mais le père dit à l'enfant: *Ceci est bien; ceci est mal*: et l'enfant le croit.

Ainsi l'humanité a été conduite par la foi, durant les jours de son enfance.

Et tous ceux qui n'ont pas atteint la virilité de la raison et de l'amour, doivent soumettre leur inexpérience à la foi, qui est la raison de l'amour, et doivent grandir sous la tutelle du Christ, leur frère aîné.

Toute profondeur de la pensée virile est, pour le jeune enfant un mystère impénétrable.

Mais s'il se moque pour cela des discours des vieillards , n'est-ce pas un jeune insensé ?

Jeunes gens qui riez des mystères de la religion, vous ressemblez à cet enfant peu sage.

Et si vous aimiez la sagesse , vous auriez foi en la sagesse de l'amour.

Si Dieu vous a donné plus d'intelligence, aidez les progrès tardifs de vos frères, au lieu de rire en les entendant bégayer ; car l'amour n'est jamais moqueur.

Donnez-moi un homme qui aime véritablement ses frères et qui éprouve un noble plaisir à se dévouer pour leur bonheur : je suis sur sûr chez cet homme l'âme et ses joies célestes triomphent des sens et de leurs brutales émotions.

Et si cet homme me dit : *Je ne crois pas*, je lui serrerai la main en souriant ; et je lui dirai : *Mon frère, vous croyez.*

Que m'importe que votre langue ne sache pas expliquer son symbole, si vos œuvres en sont la réalité vivante ?

Que m'importe qu'un livre ne parle pas à votre esprit, si l'esprit du livre agit dans votre cœur ?

Car la foi ne consiste pas à savoir disputer sur des mots, mais à accomplir de cœur le sens des paroles divines.

Ne vous contristez donc pas pour des difficultés d'enfant, et ne soyez pas comme l'écolier qui jette le livre en pleurant, pour un mot qu'il n'a pas su lire.

Vous dites : *Cette parole de Dieu est absurde et révolte mon cœur ; je ne veux donc plus croire à Dieu.*

Et vous ne voyez pas que vous croyez à Dieu, précisément parce que vous ne pouvez admettre en lui le mensonge et l'absurdité.

Dites, si vous voulez être sage : *Cette parole ne présente à mon esprit qu'un sens absurde ; donc je ne la comprends pas ; ou elle n'est pas de Dieu ; car Dieu est sagesse et vérité.*

Et alors vous pourrez rencontrer des difficultés dans l'étude, mais vous n'aurez jamais de doutes contre la foi.

Quel homme a jamais dit dans la sincérité de son cœur : *L'être n'est pas ; l'amour est mauvais ; le bien est mal ?*

Quel homme jouissant de sa raison et parlant de bonne foi a jamais envié la condition de la brute ?

Celui-là, sans doute, n'avait jamais vu le sourire d'une mère répondre à un doux élan de son cœur ; il n'avait jamais senti sa poitrine palpiter de bonheur en pressant le sein d'un ami ; une jeune vierge n'avait jamais baissé ses beaux yeux et tremblé en touchant sa main ; il n'avait jamais senti une joie céleste humecter sa paupière, lorsqu'il essuyait les pleurs d'un infortuné !

Mais il se sentait élu moins né pour toutes ces choses si saintes, et lorsqu'il blasphémait la vie dans l'amertume de son cœur, son cri de détresse était plein de toute la jalousie de l'amour.

Oui, vous qui dites : *L'amour n'est pas !* vous vous lamentez de n'être pas aimé, et vous exhalez les plaintes d'une foi qui se croit trompée.

O mes frères ! ne me dites plus que vous ne croyez pas : car depuis le berceau jusqu'à la tombe, l'homme ne peut vivre un seul instant sans amour ; et l'amour vit de la foi.

Et tous les battements de vos cœurs, et tous les soupirs de votre bouche, et toutes les paroles de votre âme, sont des actes de foi.

Vous ne doutez pas plus de l'intelligence et de l'amour que vous ne doutez de la vie.

Mais vous vous abattez dans les lassitudes de l'âme, et vous convoitez le repos de la brute dans les jouissances de la chair.

N'aimez pas la mort, et vous ne douterez jamais de la vie. Aimez pour vivre, et vivez pour aimer, et vous ne convoiterez jamais les hideux embrassements de la mort !

XI.

LA LIBERTÉ.

Si Dieu est notre père, nous ne sommes donc pas ses esclaves : et comment serions-nous les esclaves des hommes ?

L'enfant s'assoit à la table du père, et c'est le père qui sert ses enfants, comme le Christ a fait au banquet de son sacrifice.

Le fils est honoré comme le père par les amis de la maison ; car c'est le même sang et le même nom ; et l'héritage du père appartient au fils.

C'est pourquoi Dieu a voulu discerner ses enfants des esclaves, et il leur a donné la loi pour épreuve.

Et la loi n'était pas pour les enfants ; car les enfants n'ont d'autre loi que l'amour.

Les animaux sont au-dessous de l'homme, parce qu'ils obéissent à l'homme ; et les esclaves se sont faits le bétail de la peur.

Parce que leur âme s'était attachée à l'herbe qu'ils broutaient, et ils ont voulu digérer leur pâture dans le parc de la servitude.

Les vices qui rendent l'homme semblable à la brute sont les premiers ennemis de sa liberté.

Esclave de l'ivrognerie, l'homme sacrifie à ce vil penchant, sa femme, ses enfants et son âme.

Et il en vient à n'avoir plus même, pour se conduire, l'aveugle instinct de l'animal.

Esclave de la débauche impure, l'homme outrage les sources sacrées de son existence, noie dans les bouillons d'une luxure bestiale la flamme sacrée de l'amour. Il repousse la divinité qui descendait en lui pour créer et remplit d'avortons les entrailles de la mort.

Il est une autre passion qui enchaîne le cœur de l'homme, et qui l'étouffe dans l'étreinte redoublée de ses fers : c'est le désir de posséder seul la terre.

Ce désir effréné est le fils aîné de Satan et le père de l'homicide.

L'avare maudit la vie de ses frères ; et, comme le corbeau, il veut dévorer les cadavres.

L'ambitieux, plus infernal encore, veut emprisonner les âmes dans son orgueil, comme l'avare enferme l'or dans ses coffres toujours affamés.

Ils se sont asservis à leur convoitise insensée ; et ce maître impitoyable les frappe de sa verge de fer et ne leur laisse aucun repos.

C'est ainsi que se venge l'amour méprisé ; et, au jour de leur mort, leur âme maigre, vide, affamée et nue, grelottera dans la nuit froide où se perdent les ombres maudites.

Et ils étendront les bras pour y chercher le dieu qu'ils se sont fait ; et ils n'embrasseront à jamais que leur squelette pâle et glacé.

C'est l'intelligence et l'amour qui affranchissent les hommes : car le corps même de l'homme est le premier ennemi qu'il doit dompter.

Malheur à ceux qui s'abrutissent dans les joies de la chair, parce qu'ils se vautreront dans la servitude, et ne songeront plus à se relever !

Mais vous qui avez vaincu la chair, défendez contre la terre et contre le ciel même, la liberté sainte de l'esprit !

L'esprit ne doit céder qu'à l'esprit ; et la foi n'obéit qu'à l'amour.

C'est pourquoi le Christ, en mourant, a jugé ses bourreaux.

Et c'est pourquoi Jean Hus, du milieu de son bûcher, a foudroyé l'assemblée des méchants, et a fait rougir celui qui tenait alors l'empire de Satan.

Car les rois de ce monde corrompu sont les enfants du diable, et leur puissance est la puissance de l'enfer ; et ils osent régner au nom de Jésus-Christ !

Et c'est là l'antéchrist qui devait venir ; et il est venu ; et il doit venir encore ; et il est déjà dans le monde.

Tout le mal vient du côté de l'aquilon ; mais les enfants de dieu n'ont rien à craindre, car le prince de ce monde est jugé.

La liberté est comme le tonnerre dont les hommes se servent dans leurs combats : plus on la comprime, plus elle éclate.

Or, maintenant elle est foulée dans l'humanité tout entière de tout le poids d'un monde corrompu : aussi son explosion va bouleverser l'univers ; car la liberté c'est Dieu ; et on l'a enchaînée pendant son sommeil.

Mais elle va se réveiller, et son courroux sera terrible, et lorsqu'elle s'agitera dans ses chaînes, le ciel et la terre seront ébranlés.

Que les hommes de mauvaise volonté ne nous accusent pas alors ; car nous les avons avertis.

Nous voudrions les empêcher de périr ; mais nous ne pouvons arrêter le bras de Dieu.

Ce n'est pas Élie qui trouble tout Israël ; c'est la tyrannie d'Achab.

Nous n'appelons pas le peuple aux armes et à la vengeance ; mais plût à Dieu que les riches ne fussent pas plus que nous séditieux et provocateurs.

Vous dévorez le peuple vivant, et vous croyez qu'il ne criera pas !

Couvrez-le de pierres entassées, embastillez-le dans vos tombeaux, et je vous dis, en vérité, que s'il se tait, les pierres crieront.

XII.

LA PRIÈRE.

La prière est l'épanchement de l'âme dans la sagesse et dans l'amour éternels.

C'est le regard de l'esprit vers la vérité, et le soupir du cœur vers la beauté suprême.

C'est le sourire de l'enfant à sa mère ; c'est le murmure du bien-aimé qui se penche vers les baisers de sa bien-aimée.

C'est la douce joie de l'âme aimante qui se dilate dans un océan d'amour.

C'est la tristesse de l'épouse en l'absence du nouvel époux.

C'est le soupir du voyageur qui pense à sa patrie.

C'est la pensée du pauvre qui travaille pour nourrir sa femme et ses enfants.

Car celui qui travaille, prie : Dieu l'a dit par la bouche du peuple.

Et la souffrance journalière du peuple est un

long et continuel travail : aussi Dieu entend la plainte du peuple, et la prière du pauvre fait violence à sa justice.

Comment ceux qui oppriment le peuple espèrent-ils rester impunis, lorsque tant de prières éplorées montent jour et nuit vers le trône de Dieu, pour lui demander vengeance ?

C'est pourquoi ne nous lassons pas de prier ; mais ne prions pas à la manière des pharisiens et des hypocrites, qui pensent entraîner les grâces du ciel dans l'inépuisable flux de leurs paroles.

Prions en silence dans le repos de notre cœur, et levons vers notre père inconnu un regard de confiance et d'amour. Acceptons avec foi et résignation la part qu'il nous donne dans les peines de la vie, et tous les battements de notre cœur seront des paroles de prières.

Est-ce que nous avons besoin d'apprendre à Dieu quelles choses nous lui demandons, et ne sait-il pas ce qui nous est nécessaire ? Si nous Pleurons, présentons-lui nos larmes ; si nous nous réjouissons, adressons-lui notre sourire. S'il nous frappe, baissons la tête ; s'il nous caresse, endormons-nous entre ses bras !

Et notre prière sera parfaite, lorsque nous prierons sans savoir même que nous prions.

Car celui qui s'assujettit aux heures et aux formules de prières, est semblable à l'horloge qui sonne lorsque la roue a tourné, mais qui ne sait pas compter l'heure qu'elle annonce.

Tant que le feu brûle, la fumée s'élève vers le ciel.

Ainsi, tant que l'âme est vivante, la prière monte vers Dieu.

La prière n'est pas un bruit qui frappe l'oreille c'est un silence qui pénètre le cœur.

Et de douces larmes viennent humecter la paupière ; et des soupirs s'échappent comme la fumée de l'encens.

Et l'on se sent pris d'un ineffable amour pour tout ce qui est beauté, vérité et justice ; et l'on palpite d'une nouvelle vie, et l'on ne craint plus de mourir.

Car la prière est la vie éternelle de l'intelligence et de l'amour ; c'est la vie de Dieu sur la terre.

Le Père prie le Fils de descendre ; le Fils prie le Père de pardonner, et l'Esprit prie tout ce qui existe d'aimer et d'être heureux.

Amen ! Esprit d'amour ! viens ; et tout sera créé pour le bonheur ; et tu renouvelleras la face de la terre ! *Amen ! Amen !* Que cela soit ainsi !

XIII.

LE PÉCHÉ.

Le péché est l'avortement de l'intelligence et de l'amour.

C'est l'homme qui ne se lève pas lorsque Dieu l'appelle à la lumière, et qui reste endormi dans les ténèbres.

C'est l'enfant stupide ou sans cœur, qui se détourne avec humeur, lorsque sa mère lui tend les bras.

C'est le vase d'argile que le feu n'a pas durci, et qui laisse échapper la douce liqueur de la vie.

Aussi les vases de péché seront brisés et repétris par le potier et remis au feu éternel, jusqu'à ce qu'ils deviennent des vases d'honneur dignes de la table du roi.

Que celui qui comprend médite ce qu'il comprend !

Le péché est fils de l'ignorance ou de l'erreur ;

mais l'ignorance et l'erreur sont des épreuves de l'amour de la vérité et de la vérité de l'amour.

La douce liberté, notre mère et notre fiancée, s'est montrée à nous au commencement; puis elle a fui dans les ombres de la mort et nous a appelés à elle, pour voir si l'amour serait plus fort en nous que la crainte.

Et l'homme s'est élancé vers elle à travers la nuit; et il s'est heurté contre la pierre; et il est tombé dans les précipices; et il s'est déchiré entre les ronces du chemin.

Mais lorsque le jour lui montrera enfin sa bien-aimée, croyez-vous qu'elle lui reprochera les blessures qu'il aura affrontées pour elle?

A celui qui aura marché toujours malgré ses chutes et ses meurtrissures, elle donnera la robe nuptiale et le repos dans les embrassements de l'épouse.

Mais à ceux qui auront eu peur des ténèbres et qui se seront assis enveloppés dans leur manteau, et qui auront allumé la lampe égoïste de leur raison pour se garder eux-mêmes à sa pâle clarté; la liberté se montrera de loin avec un reproche amer de leur lâcheté et de leur ingratitude.

Et s'ils ne sont pas morts ils se réveilleront; mais s'ils se sont endormis dans la mort de l'égoïsme, ils seront rejetés au grand feu de la fournaise qui prépare l'or, l'argent et l'airain à être jetés au moule, pour embellir le temple du Seigneur.

Et avant de revivre, ils se sentiront mourir par leur faute et croiront que c'est pour toujours.

Mais leur désespoir même sera un acte d'amour et une étincelle de vie.

Et cette étincelle germera comme une semence au sein de leur corruption et de leur mort.

Et ils n'entreront que plus tard dans la vie de l'humanité et à travers de grandes douleurs.

Et leur naissance sera pour la vie éternelle un accouchement tardif et laborieux.

Lorsque le potier travaille, il prend une masse de terre et la pétrit pour faire un vase.

Mais à mesure que le vase se finit, il rejette une partie de l'argile qu'il avait d'abord choisie.

Puis il recueille tous ces débris et les réunit à la masse qui doit lui servir pour d'autres ouvrages.

Ainsi ceux en qui il ne s'est pas trouvé assez de divinité pour trouver la vie dans la mort, ceux qui n'ont pas aimé la liberté, parce qu'ils n'en voyaient pas la beauté; ceux-là ont été rejetés par l'Éternel ouvrier qui fait l'homme.

Ont-ils le droit de se plaindre? Non, car l'ouvrier dispose à son gré de son argile: ils ne souffrent pas de la privation de l'être, car on ne peut regretter ce qu'on ignore.

Ceux qui souffrent du désir de la vie, ont

déjà la vie qui travaille en eux à s'affranchir de la mort.

Mais je vous dis, en vérité, que rien de ce que rejette d'abord l'Ouvrier céleste ne sera perdu.

Car il travaille sans cesse; et chaque œuvre est terminée à son jour.

Mais comme le potier frappe sur le vase qu'il retire du feu, pour savoir s'il est heureusement terminé, Dieu éprouve l'homme par la crainte et par la douleur.

Si le vase résiste, le potier se réjouit, et dit: *J'ai fait ce vase.*

Si l'homme résiste, Dieu lui tend les bras avec joie et dit: *J'ai engendré un fils libre et intelligent comme moi.*

Mais tout ce qui se laisse briser est rejeté dans la masse inerte, d'où l'esprit tire successivement les plantes, les animaux et les hommes.

Et rien de ce qui n'existe pas encore ne peut souffrir.

Et rien de ce qui existe ne souffre que pour enfanter le bonheur.

Or, devant Dieu, le péché n'existe pas: car le mal est le néant du bien; et le bien existe.

Le mal n'existe que dans notre imagination ignorante, parce que nous ne savons pas que tout ce qui nous semble mauvais est un bien qui naît laborieusement.

C'est un mal que la faiblesse, et l'ignorance, et

la misère infinie de l'enfant qui vient de naître ; et c'est de ce mal pourtant que sortent, plus tard, tous les biens de la vie humaine.

Le péché est la chute du nouveau-né ; et sa mère le relève sans s'irriter contre lui, car elle sait bien qu'il ne peut encore marcher.

XIV.

ABRAHAM.

La Bible est le livre des images de Dieu.

A la tête des magnifiques symboles de l'humanité apparaît Abraham, le père des croyants.

Il quitte sa terre natale, comme Adam avait quitté le Paradis terrestre, pour aller chercher dans l'exil la terre de la liberté.

Et la liberté l'accompagne : c'est la jeune et vieille Sara que les rois d'Égypte et de Gérara cherchent à violer.

Car sa beauté ne peut vieillir ; mais Dieu, pour éprouver son époux, lui a fermé le sein et l'a rendue stérile pour un temps.

Alors la loi représentée par Agar est donnée à l'homme ; et elle conçoit un fils qui doit grandir plus tard sous le nom d'Ismaël, et régner sous le nom de Mahomet.

Et la servitude de la loi s'élève contre la liberté ; mais la liberté la frappe et la châtie.

Et Agar revient au toit d'Abraham pour mettre son fils au monde.

Et l'homme ne la craint plus : car un fruit d'avenir germe au sein de la liberté.

La religion du Christ, figurée par Isaac, est annoncée par trois anges, révélation nouvelle de la Trinité : elle vient au monde, et Ismaël qui veut la persécuter est relégué dans le désert.

Et le fils de l'homme grandit dans la maison de son père qui se complait dans son amour.

Mais l'esprit de Dieu, qui ne laisse aucun repos à l'humanité jusqu'à ce elle soit libre comme lui, demande à l'homme un étrange sacrifice.

Ce fils de la promesse, cet héritier de l'avenir, ce Christ, objet de la complaisance du Père, il faut l'immoler au Seigneur sur la montagne des visions. Dieu combat, contre lui-même ; et l'homme sent en lui la force de vaincre le ciel. Pour obéir à l'intelligence et à l'amour qui le travaillent, il va immoler le Christ dont la religion n'est plus pour lui qu'une chaîne de chair et de sang.

Mais Dieu lui arrête le bras et lui montre un bélier qui, semblable à l'orgueil des pharisiens et des docteurs, s'est pris par les cornes dans un buisson d'épines.

Il sacrifie cette forme destinée à mourir, et ramène son fils dégagé de tous ses liens. Voilà où en est maintenant l'humanité !

XV.

ISAAC.

ISAAC est lie symbole du Christ.

Il épouse une femme qui lui fait oublier sa mère : la loi nouvelle est plus douce que l'ancienne loi.

Cette femme a deux fils jumeaux qui s'entrebattent dans ses entrailles ; la crainte, reste de l'ancienne servitude, sous la figure d'Ésaü ; et l'amour figuré par Jacob.

La crainte naît la première ; c'est un enfant laid et sauvage ; puis vient l'amour qui sous la figure de Jacob, promet de supplanter la crainte.

Ces deux frères se haïssent l'un l'autre et ne peuvent s'accorder ensemble.

La crainte, affamée de récompenses, cède son droit d'aînesse pour une grossière nourriture ; et tandis qu'elle se fatigue et travaille pour mériter les bonnes grâces du père, Jacob reste auprès de sa mère qu'il aime, et par les soins de laquelle il est béni au lieu d'Ésaü.

Mais quand l'esprit du Christ a semblé quitter la terre, quand les serviteurs de la crainte règnent et persécutent les enfants de l'amour, Jacob s'enfuit voyageur et exilés.

Mais il s'endort dans le désert, et une échelle d'or descend du ciel et s'appuie sur son cœur.

Et ses soupirs montent vers Dieu comme des anges; et les bénédictions de Dieu descendent vers lui, belles et immortelles comme les esprits des cieux.

Et Jacob s'écrie, en s'éveillant au milieu du désert: *C'est ici la maison de Dieu, et je ne le savais pas!*

XVI.

JACOB.

Jacob représente l'humanité.

Il aime la liberté, figurée par Rachel, et il doit la mériter par de longs travaux.

Et Lia, image de la loi, lui est donnée pour absorber dans sa fécondité l'ardeur trop juvénile du robuste pasteur, et ménager à la tendre Rachel des embrassements plus choisis et plus doux.

Dieu se montre alors à l'homme comme un maître avare et capricieux.

Mais Jacob est devenu riche, et il fuit la tyrannie de Laban, à qui la liberté dérobe ses idoles.

La loi engendre des fils dont l'aîné déshonore son père : la synagogue devait condamner le Christ à la mort.

La liberté engendre deux fils : Joseph, figure du Christ, rejeté par ses frères, et sauveur de ses frères ; et Benjamin, l'Esprit de liberté, qui, en naissant, donne la mort à sa mère : car la liberté est mortelle et imparfaite avant le règne de l'Esprit.

Ce n'est qu'une femme en travail qui doit mourir en mettant un homme au monde.

Mais c'est Joseph qui doit nourrir Jacob pendant la stérilité de la terre ; c'est lui que ses frères doivent adorer.

Et il se montre à eux d'abord comme un maître dur et injuste ; puis, ses larmes le trahissent ; il pousse un cri et dit : *Je suis Joseph !*

Et se jetant au cou de Benjamin, il l'embrasse en pleurant : car le Christ aime de préférence le doux esprit de liberté.

Et Jacob bénit les fils de Joseph ; mais il préfère le plus jeune à l'aîné, parce que la liberté doit naître de l'Évangile après la servitude, et après la crainte, l'amour.

XVII.

MOÏSE.

Moïse est l'esprit de liberté; il naît dans la persécution de la tyrannie, et Pharaon cherche à l'étouffer au berceau.

La parole qui fuit comme l'onde le porte abandonné dans sa nacelle, et la curiosité, fille de la tyrannie, l'élève secrètement à la cour même du persécuteur: il grandit au milieu de la corruption qu'il doit combattre, et apprend à connaître les tyrans.

Il sort enfin de cette retraite où le nourrissait la vengeance, et proteste contre la tyrannie, par un de ces actes de courage que les lâches appellent des crimes: il trouve un Égyptien qui maltraitait un Israélite, le tue et cache son corps dans le sable.

Ceux mêmes qu'il veut sauver ne le comprennent point; on le cherche comme un meurtrier; il s'enfuit au désert et veut y chercher le repos; mais Dieu s'oppose à lui comme une haie enflammée et le rejette sur Pharaon, en l'armant de serpents qui sifflent contre la puissance de l'impie.

Il revient avec une parole toute puissante; le ciel l'a établi le dieu de Pharaon. A sa voix, les ténèbres tombent sur l'Égypte, des grenouilles importunes croassent jusque sous la table du tyran, et la coupe, du roi se rougit avec horreur d'une eau ensanglantée. L'opinion souveraine a parlé; les Israélites vont sortir de la servitude; tous les obstacles s'aplanissent devant le génie qui enfante des miracles; les montagnes s'enfuient comme des troupeaux épouvantés; les mers ouvrent leur sein et se referment sur les persécuteurs du peuple. La liberté triomphe; mais elle est encore dans le désert.

Cependant, à sa parole invincible, les cœurs les plus durs s'amollissent et l'eau jaillit des veines du rocher: le pain que distribue la fraternité semble tomber du ciel; mais le peuple ne comprend pas d'abord que le bonheur est le prix des grands sacrifices. Souvent il regrette l'antique servitude, et irrite la liberté qui le frappe de châtiments terribles; car il faut qu'elle sauve ou qu'elle tue, et on ne l'a pas invoquée en vain.

Cependant, au milieu des tonnerres, elle proclame la plus douce de toutes les lois: *Aimez Dieu de tout votre cœur, et le prochain comme vous-mêmes.*

Le désert est traversé ; et toutes les vieilles âmes infectées du venin de la servitude y ont péri sans voir la terre promise. C'est à une race jeune et croyante qu'il appartient de passer le fleuve sacré.

Mais les enfants de Dieu ne peuvent s'établir que par la guerre ; l'ancien monde doit périr pour faire place au monde nouveau. Le plus noir des épouvantements se répand comme la nuit sur toutes les lumières du monde ; et dans cette nuit terrible, sonne une formidable trompette dont les éclats font tomber les murailles : le soleil s'arrête dans le ciel pour regarder mourir les rois ; les têtes, jadis couronnées, roulent sous les pieds du peuple ; les arbres se chargent de fruits de mort et balancent des dépouilles royales. La terre est partagée également à tous.

Dieu seul est roi ; et le peuple règne en son nom, gouverné par la loi d'amour et jugé par ses pères et ses vieillards. *Amen !* Qu'il en soit ainsi !

XVIII.

LE CHRIST.

Le Christ est la victime de la liberté, le destructeur du monde criminel et le dieu de la révolution.

Il vient lorsque Judas a laissé échapper le sceptre de ses mains, lorsqu'Israël est sans vertu, lorsque la patrie est éteinte.

Sa mère est vierge ; car la pensée qui enfante le sacrifice est pleine d'un amour austère et renonce aux plaisirs de la vie.

Il naît dans la crèche, au milieu de la pauvreté, et les hommes du peuple le reconnaissent et l'adorent ; et une lumière nouvelle se montre dans le ciel.

Hérode le cherche pour l'égorger ; le sang innocent coule sous le couteau de la tyrannie ; mais Hérode ne tue que son propre fils, et le Christ enfant échappe à ses bourreaux. Il doit grandir pour mieux se sacrifier au salut du monde.

Le fils de l'artisan médite la grande révolution dans les travaux de l'atelier, et il est soumis à ses parents : car la liberté ne se révolte pas contre l'autorité de la sagesse et de l'amour.

Comme Moïse, il fuit au désert, et il est tenté par l'esprit d'égoïsme ; mais il le confond dans sa triple puissance, et le ciel se soumet au vainqueur de Satan.

Il prêche la souffrance et le sacrifice, et maudit les heureux du siècle. A sa voix, la tempête des passions s'apaise, et il marche tranquillement sur les flots irrités ; il touche en gémissant les yeux des aveugles et les oreilles des sourds, et leur dit : « Ouvrez-vous ». Mais Jérusalem est esclave de Rome, et elle s'obstine à périr.

Puisqu'il ne peut sauver sa patrie, le Christ va mourir pour le monde entier !

Il convie au banquet des noces de l'homme avec la liberté, les vagabonds, les mendiants, les aveugles et les boiteux. Il abaisse ceux qui se croient justes, et réhabilite les pécheurs. Il ne condamne pas la femme adultère, et dit de la prostituée : *Beaucoup de péchés lui sont remis parce qu'elle a beaucoup aimé.*

Il condamne le pharisien superbe et justifie l'humble publicain. Il traite Hérode de chacal, et les prêtres de sépulcres blanchis. Il met l'homme au-dessus de la loi, et déclare que la loi est faite pour l'homme, et non pas l'homme pour la loi : aussi est-il traité d'impie et de blasphémateur.

Il viole le sabbat avec ses disciples, et censure amèrement les traditions humaines ; il n'observe pas les cérémonies légales, et dit qu'il faut purifier le cœur plutôt que de laver les mains.

Il abolit parmi ses disciples les titres de seigneur, de maître et de père : *Vous n'avez qu'un maître, qu'un seigneur et qu'un père : c'est Dieu. Mais pour vous, vous êtes tous frères.*

C'est ainsi que se révèle au monde la triple dignité humaine : liberté, égalité, fraternité !

Ou la mort ! a ajouté l'expérience des siècles. Et en effet, la mort règne où ne triomphe pas la vie ; et la vie c'est la liberté, l'égalité et la fraternité.

Ainsi Jésus s'élève contre la société mauvaise qu'avait enfantée l'égoïsme ; et parce qu'il ose être juste, il est criminel selon les lois des méchants.

Sa condamnation condamne les lois selon lesquelles il doit mourir ; et c'est ainsi que par le cri d'adoration, qu'arrachent à tous les cœurs ses sublimes vertus, il révolte légitimement l'esprit contre la chair, et affranchit le monde par l'amour.

Cet homme était vraiment le fils de Dieu ! A sa mort, le faux jour qui égarait le monde s'obscurcit ; le voile du sanctuaire se déchire ; la terre sent les convulsions d'un nouvel enfantement, et les morts sortent de leurs tombeaux.

XIX.

LA COMMUNION.

La communion est la communauté du pain, du vin et de la charité.

Et l'âme a aussi le pain de son intelligence et le vin de son amour, qu'elle doit manger et boire avec ses frères.

Le pain que la charité fraternelle partage n'est plus seulement un symbole d'amour ; il est la charité même, qu'il nourrit d'une substance divinisée.

C'est pour faire de tous les hommes une seule âme nourrie de la même vérité et abreuvée du même amour, et un seul corps substanté du même pain et désaltéré à la même coupe, que le Christ a donné sa chair et son sang au supplice de la croix.

Aussi, en donnant à ses apôtres ce résumé vivant et vivifiant de sa doctrine, il leur a dit :

Mangez-en tous: ceci est mon corps; buvez-en tous: ceci est mon sang.

Le jeune homme qui se vend aux recruteurs pour nourrir sa pauvre famille, pourrait lui dire la même chose en lui distribuant ce qui lui a coûté si cher.

Mais cette parole si simple en elle-même et si mélancoliquement figurée, n'a pas été comprise d'abord.

Les hommes n'ont pas vu que la charité c'est Dieu ; que le Christ était Dieu par la charité, et qu'en distribuant à tous le pain et le vin de la fraternité, il les nourrit de lui-même et de Dieu.

Et que son corps, son sang, son âme et sa divinité, sont tous entiers contenus sous les apparences du pain et du vin, mais d'une manière sacramentelle, c'est-à-dire, symbolique et mystique.

Ils n'ont pas compris qu'en se nourrissant de fraternité et d'égalité, ils se nourrissent de Jésus-Christ, et que l'esprit de Dieu veut unir tous les hommes dans la communauté, ou autrement dit, dans la communion.

Ainsi toutes les paroles symboliques du dogme chrétien sont vraies ; mais la chair ne sert de rien pour les entendre ; c'est l'esprit seul qui vivifie.

Comprenez-vous maintenant dans quelles dispositions nous devons participer au banquet d'amour ?

Chacun apporte sa part au banquet commun ; et il mange de ce que tous ont apporté.

Si vous n'avez pas encore donné au Christ, c'est-à-dire à l'humanité, votre chair et votre sang, de quel droit mangerez-vous la chair et boirez-vous le sang du Fils de l'homme ?

Interrogez-vous donc vous-mêmes avant d'approcher de cette table auguste : et si vous n'êtes pas un membre du grand corps, ne faites pas couler son sang sur vous ; car il vous ferait une tâche sur le front.

N'approchez pas vos lèvres du cœur de Dieu ; il sentirait votre morsure.

Ne buvez pas le sang du Christ ; il vous brûlerait les entrailles : c'est bien assez qu'il ait coulé inutilement pour vous !

XX.

L'ANTÉCHRIST.

Les commencements du christianisme furent beaux : car l'âme du Christ était encore brûlante dans les cœurs de ses disciples. La communion des biens égalisait tous les frères, et l'on se réunissait pour célébrer la mort triomphante du maître, dans des festins de charité que l'on appelait pour cela *agape* ou *amour*.

Mais, à *mesure* que les eaux froides du siècle coulèrent dans le calice du Seigneur, le sang de Jésus-Christ s'attiédit peu à peu dans les veines des chrétiens.

La hiérarchie fut établie selon les préjugés du monde, et avec elle l'ambition se glissa dans le sanctuaire et s'empara de l'encensoir. Le règne du Christ commença à être de ce monde ; et les apôtres n'étaient pas encore morts, que le mystère d'iniquité se préparait déjà.

« Que celui qui tient l'empire le tienne jusqu'à

« ce qu'il lui soit enlevé, disait saint Paul, et « alors se manifestera l'homme d'iniquité, que le « Sauveur tuera d'un souffle de sa bouche. »

C'est que saint Paul entendait les craquements de l'empire romain prêt à s'écrouler devant la croix ; mais il voyait, avec saint Jean, sortir des décombres l'hydre aux sept têtes couronnées, sur laquelle s'assoit la prostituée de Babylone.

Il écoutait, pour ainsi dire, germer au sein du christianisme, un nouvel empire humain plus sacrilège que le premier : car il devait usurper le nom de Dieu. Il portait écrit sur son front : *Mystère !* et sa tête se chargeait d'une triple couronne, et il était ivre du sang des martyrs.

En effet, après la chute de l'empire persécuteur du Christ, s'éleva, au nom du Christ lui-même, une puissance meurtrière et persécutrice. Aux saturnales des Césars succédèrent les orgies des Pontifes, et les bûchers de l'Inquisition s'allumèrent sur la cendre fumante encore des premiers martyrs.....

La courtisane, soi-disant Église chrétienne, se prostitua à tous les tyrans de la terre, et chercha, comme Dalila, à les énerver pendant leur sommeil.

Des débris que les Barbares avaient amoncelés dans Rome, des ruines de tous les palais et de tous les temples de l'ancien monde, les antichrétiens voulurent bâtir une tour qui s'élevât jusqu'au ciel et protégeât les méchants contre Dieu même. Alors comme dans le Mythe sacré, Dieu se baissa pour voir l'ouvrage des enfants des hommes, et il confondit leur langage, et la grande cité fut divisée en trois parts. Le grand schisme éteignit les unes sur les autres les vaines foudres des pontifes. Le colosse à la tête d'or et aux pieds d'argile s'écroula honteusement sans avoir été touché par la main des hommes. Alors les rois se disputèrent les débris de l'idole et en firent des escabeaux à leurs trônes ; puis, montés sur ces simulacres brisés, ils voulurent être adorés comme des dieux.

Le pouvoir sacrilège des rois s'éleva sur les ruines de celui des papes ; alors la parole de Jésus-Christ devint un souffle d'ouragan qui souleva les nations, et les jeta comme de la poussière dans les yeux des rois.

Et les rois chancelèrent comme des hommes ivres, et la coupe de la colère fut répandue sur le trône de la bête, et son empire devint ténébreux.

Et Dieu déchaîna les anges exterminateurs, et un grand bruit d'hommes et de chevaux fit trembler la terre, et une grande voix appela dans le ciel les aigles et les vautours au large banquet des princes et des rois.

Et l'empire de Babylone tomba comme une lourde pierre qui, du haut du ciel, est lancée dans la mer et ne reparaît plus.

C'est maintenant que cette prophétie va s'accomplir.

Car l'antéchrist est cette bête dont saint Jean disait : « Elle était et elle n'est plus, et elle sortira « de nouveau de l'abîme, et elle se perdra dans « la mort. »

XXI.

LE SYMBOLE DES APÔTRES.

NE croyez pas que je sois venu détruire la religion du Christ.

Je ne viens pas la détruire, mais l'établir ; je ne supprime point la loi, je l'accomplis.

Car elle nous ordonne d'aimer le Seigneur dans la liberté de l'esprit.

Et je ne laisserai passer aucune lettre de son Symbole, sans lui donner son accomplissement.

Ainsi je crois en Dieu, l'être des êtres, le Père tout-puissant, Éternel créateur du ciel et de la terre, source unique de la pensée et de la forme multipliées à l'infini ; en Jésus-Christ, son fils unique, quoique nous soyons tous ses enfants ; mais Jésus-Christ est le symbole d'union qui nous rassemble ; il s'est identifié au peuple, et le peuple doit vivre en lui comme un seul homme fils unique de Dieu.

Le Christ, c'est-à-dire l'homme sacrifié à

l'amour a été conçu du Saint-Esprit, de cet esprit de Dieu, qui est où vit la liberté. Il est né du sein de la femme; car c'est d'une mère qu'il faut apprendre à se dévouer pour ce qu'on aime. Et cette femme était la vierge Marie, le type parfait de la femme, les douleurs et les joies d'une mère dans le cœur chaste et pur d'une vierge.

Il a souffert pour nous sous Ponce-Pilate; il a été crucifié; il est mort; il a été enseveli, et il est descendu chez les morts; mais il est ressuscité par le triomphe de sa doctrine. Il est monté aux cieux, car on l'a adoré pendant dix-huit siècles, assis à la droite de Dieu le Père tout-puissant, et de là il va venir à la tête du peuple juger les vivants par l'esprit et par le glaive, et condamner ou réhabiliter la mémoire des morts selon la doctrine de la liberté.

Je crois au Saint-Esprit d'amour et de liberté, qui doit régner sur le monde, délivré des entraves des lois et qui procède du Père et du Fils.

Je crois à la sainte société universelle; c'est ce que veut dire le mot *Église catholique*.

Je crois à la communauté entre les enfants de Dieu que l'Esprit a sanctifiés: c'est ce que veut dire le mot communion des saints.

Je crois à la rémission de tous les péchés.

Je crois à la résurrection de la chair: car lorsque l'intelligence et l'amour régneront dans le monde entier, la chair deviendra soumise, et ses plaisirs ne donneront plus la mort.

Je crois à la vie éternelle ; car pour moi la mort n'est qu'une transfiguration, le mal qu'une épreuve, et le néant qu'un mot vide de sens : puisque tout ce qui est, est dans la vie éternelle, et cette vie éternelle c'est Dieu.

XXII.

LES PROPHÈTES.

Les prophètes sont des hommes que le présent afflige, parce qu'ils vivent dans l'avenir

L'intelligence et l'amour dont ils sont remplis se trouvent trop à l'étroit dans le siècle où ils passent: ils parlent des choses futures et sont pris pour des insensés.

Les hommes qui, sous la loi de Moïse, ont désiré un législateur plus parfait; ceux qui, dans les égarements de la synagogue, ont pressenti la croix qu'elle préparait au juste; ceux qui, sous le règne de la crainte, ont rêvé la grâce d'un Dieu fraternel.

Ceux-là ont été des prophètes parmi les Juifs; et les prêtres et les docteurs de leur temps les ont regardés comme des impies et les ont fait mourir.

Et ceux qui, sous le règne sévère du crucifié, ont deviné la liberté sainte de l'esprit d'amour et ont rêvé la réalisation de la grande fraternité prêchée dans l'Évangile de Jésus-Christ.

Ceux-là ont été des prophètes parmi les chrétiens, et les prêtres et les docteurs les ont persécutés et les ont fait mourir comme des hérétiques et des impies.

Malheur aux sages de ce monde, parce que leur orgueil les a aveuglés !

Heureux les simples et les pauvres d'esprit, parce que le royaume de Dieu ne trouve point d'obstacle pour se manifester à leur cœur !

Mais plus heureux les hommes d'intelligence et d'amour, qui ne cherchent que la vérité et n'aiment que la beauté éternelle !

Car ils abandonneront avec joie leur barque et leurs filets, et ils se feront un troisième tabernacle sur la montagne de Thabor.

Malheur à ceux qui se croient vertueux, parce qu'ils dorment dans les haillons de leur misère et disent : je me suis fait de superbes vêtements !

Heureux les pécheurs qui sentent leur pauvreté et qui se tiennent nus et délaissés sur le passage de l'esprit !

Car l'esprit leur donnera à chacun une robe blanche et les conviera aux noces de l'agneau.

Mais les orgueilleux et les hypocrites seront laissés dans les ténèbres extérieures, et ils tâtonneront pour chercher la porte de la salle du festin, et ils ne la trouveront pas.

Jusqu'à ce qu'ils aient perdu leur âme pour la sauver. Que celui qui a de l'intelligence comprenne la parabole.

XXIII.

LES MARTYRS.

Les martyrs sont des hommes d'intelligence et d'amour qui protestent, jusqu'à la mort, contre la tyrannie brutale des hommes de chair et de sang.

Ce sont des protestants sublimes qui désobéissent aux hommes pour obéir à Dieu.

C'est le Christ qui prêche une loi nouvelle et périt comme séditieux et blasphémateur.

Ce sont les apôtres qui prêchent le Christ ressuscité, malgré les princes des prêtres ; accusent la synagogue de déicide, insultent les dieux des Césars, et meurent comme les derniers des coupables.

Ce sont les solitaires du Désert qui protestent, par des austérités inouïes, contre la mollesse qui nourrit l'égoïsme du monde.

Plusieurs de ces serviteurs de Dieu ont été des fous selon la sagesse du monde, parce que la sagesse de Dieu, en emplissant avec trop de véhémence, avait comme brisé leur raison.

Tel a été saint François d'Assise, qui se fit mendiant et mit la mendicité sur les autels, afin de la reprocher divinement aux mauvais riches.

Tels ont été et sont encore tant de martyrs de la charité qui vont respirer avec délices l'air infect des hôpitaux et des prisons, condamnant, par leur vie et par leur mort, la dureté du monde pour les douleurs humaines. Ceux-là sont assistés, à leur mort, par des anges de paix.

Mais l'amour dédaigné a aussi ses anges de colère; et les lois injustes du monde arrachent à la nature et à la justice opprimées ces protestations terribles que le monde appelle des crimes.

L'homme à qui une société égoïste et meurtrière refuse le pain qui doit le nourrir comme les autres hommes, repoussé dans toutes ses tentatives pour s'asseoir au grand banquet de Dieu, s'indigne dans son cœur, et dit à ceux qui le repoussent: *Vous êtes des assassins!*

Mais moi, j'ai autant que vous le droit de vivre; et si je puis me défendre contre vous, je ne veux pas mourir! vous m'attaquez par la faim: moi, je prendrai une arme moins lâche et moins cruelle, et je sauverai ma vie avec le poignard!... et il mange un peu de pain taché de sang, qu'on lui fait payer de sa tête.

Un autre se glisse furtivement dans l'ombre,

et à travers mille dangers, il arrache aux mains avares du riche un peu de cet or qui ouvre et ferme le cœur des hommes comme une clé ; et il s'en va et achète en rougissant le pain que la société lui devait ; et s'il est découvert, on l'attache vivant à une chaîne et il y meurt en travaillant comme un animal de rebut.

Et cependant sa femme et sa fille restent abandonnées ; et pour vivre, elles vendent leur chair à la débauche.

Et vous croyez que Dieu ne fera pas justice de ces abominations !

Et vous dites que l'enfer sera, après cette vie, le partage de ces malheureux, dont une société impie a bu le sang et mangé la chair !

Et moi, je vous dis qu'ils seront les juges de ce monde et qu'ils le condamneront.

Et leurs âmes crient vengeance sous l'autel de Dieu ; mais Dieu leur dit d'attendre encore, jusqu'à ce que la coupe de sang soit pleine ; et pour les consoler, il leur donne à chacun une robe blanche comme l'innocence.

Car je vous dis, en vérité, que ceux que vous appelez des criminels, sont des martyrs du Dieu vivant !

Leurs actions ont été coupables, il est vrai ; mais c'est vous qui les avez commises par leurs mains, et vous osez les juger ! et vous les assassinez en cérémonie pour la justice et le bon exemple !

XXIV.

LA PROPRIÉTÉ.

Si un riche me demande : *Est-ce que la religion de l'esprit que tu prêches absout les brigands et les voleurs ?* Je lui répondrai : *Non, car elle te condamne.*

Et c'est pourquoi je t'adjure, en son nom, de rendre au pauvre son pain, que toi ou tes pères vous lui avez volé.

Rien sur la terre n'appartient à tel ou tel homme ; tout appartient à Dieu, c'est-à-dire à tous.

L'esprit d'usurpation est l'esprit du meurtre ; et c'est lui qui a été homicide dès le commencement.

Quoi, parce que vous avez entassé des pierres autour d'une campagne, vous seul en recueillerez les fruits, tandis que je mourrai de faim au pied de votre muraille !

Mais moi, si je veux amonceler plus de pierres encore autour de votre enceinte, et dire : elle est maintenant à moi, qui m'en empêchera ?

L'épée des voleurs et des meurtriers comme vous, qui se sont associés pour jouir en paix de leur brigandage.

Et si, cherchant à me défendre contre eux, je suis le plus faible, c'est moi qu'ils appelleront un brigand et un assassin !

C'est ainsi que les plus forts se sont partagé la terre ; et les faibles meurent de faim sans asile.

Mais si les faibles se réunissent et luttent avec courage, ils seront forts.

Le Christ a protesté contre la propriété par la puissance de l'esprit ; il n'a pas eu une pierre où reposer sa tête, et il est mort entre deux voleurs ; mais son dernier soupir a bouleversé le monde.

Les disciples du Christ se sont volontairement dépouillés de tout pour protester contre la propriété ; et leur vie austère et mourante était un cri sublime qui demandait justice au ciel.

Car si, par amour pour Dieu et les hommes, on peut se priver même des nécessités de la vie, comment doivent être jugés ceux qui engraissent leur mollesse du sang de leurs frères ?

Tous ceux qui ont compris la loi du Christ, ont cherché à réaliser sa pensée unique : la communauté.

Mais tant qu'ils vivent sous les lois du diable, c'est à dire de l'usurpation, les chrétiens sont des victimes qui gémissent vers Dieu ; et ils n'ont pu former que des communautés de douleurs.

C'est là que, dans un morne silence, condamnation austère des discours des méchants, ils protestaient, par le jeûne, contre l'intempérance des riches et par le célibat, contre les prostitutions de l'amour à de vils intérêts.

Et ils étaient là dans le Désert, comme de sinistres prophètes qui se retiraient du Monde pour ne pas être enveloppés dans sa ruine ; car ils prévoyaient la colère à venir.

Ils abandonnaient avec un dédain sublime la terre aux voleurs, qui se la partageaient, selon le précepte du Christ : *Si l'on veut te prendre ta robe, abandonne aussi ton manteau.*

Et les usurpateurs n'ont pas été attendris de tant de résignation et d'un si noble sacrifice ; ils n'ont pas senti tout ce qu'il y avait de dévouement dans une telle abnégation !

Ils ont ri, et ils ont bu et mangé ; et Dieu s'est retiré deux avec dégoût.

C'est pourquoi, après la protestation par l'amour, doit venir la protestation par la colère.

Ils n'ont pas écouté les anges de la paix, qu'ils tremblent devant les anges exterminateurs !

Pauvres et affamés, combien êtes-vous, et combien sont-ils ? Votre vie, est une mort lente et honteuse ; échangez-la contre une mort prompte et glorieuse, ou contre une victoire qui vous fera vivre. Voilà ce que crie l'esprit exterminateur.

Et moi, je pleure et je me couvre la tête de

cendre, et je crie à Dieu et au peuple : *grâce !...* et ils me répondent : *Il n'y a plus de grâce.*

Arrière, honnêtes gens, engraissés de rapines et qui avez fait des vertus à votre image ; arrière, hypocrites, qui partagez avec les voleurs et qui prêchez la résignation à celui qu'on dépouille ; laissez passer la justice de Dieu.

Car je vous le dis en vérité, quiconque vous tue n'est pas un assassin, c'est un exécuteur de la haute justice.

Et celui qui vous reprend l'or dont vous êtes gorgés aux dépens du pauvre, n'est pas un voleur, c'est un huissier de Dieu, qui vous contraint par corps à payer vos dettes.

Puisque vous n'êtes plus des hommes, nous vous chasserons comme des bêtes féroces, et si vous avez dévoré nos pères, peut-être ne dévorerez-vous pas nos enfants.

Voilà ce que le peuple crie avec une voix pareille à celle de l'ouragan ; et moi je couvre mon visage de mon vêtement déchiré, et je frissonne à l'odeur du feu et du sang.

XXV.

L'ESCLAVAGE.

TANT que la propriété ne sera pas abolie, la servitude n'aura pas disparu de la terre.

Qu'importe que nous soyons liés avec des chaînes de fer ou avec des chaînes d'or !

Si la terre n'est pas libre, les hommes ne le sont pas ; car les hommes ne peuvent poser leurs pieds ailleurs que sur la terre.

Celui qui vend le pain à ses frères, prend en échange leur liberté ; car il tient leur vie entre ses mains.

Pour vivre, l'ouvrier se condamne à une existence plus dure que celle des anciens esclaves ; et il souffre tous les caprices d'un maître, de peur de manquer à la fois de travail et de pain.

Pour vivre, la jeune fille vend sa chair aux plus vils outrages, et s'expose dans la rue aux insultes et aux crachats de ceux qui veulent la payer.

Pour vivre, la jeune femme oublie celui que son cœur aimait, et s'enchaîne à celui qu'elle n'aime pas. Et vous dites qu'il n'y a plus d'esclaves sur la terre !

Et moi je vous dis que tous les pauvres sont des esclaves, et tous les riches des tyrans ; et il y aura des esclaves et des tyrans, tant que les voleurs de la terre n'auront pas rendu à Dieu ce qui est à Dieu ; à tous ce qui est à tous.

Et tant que l'or et l'argent régneront, ils enchaîneront les hommes, parce qu'ils ne sont ni intelligence ni amour.

Et tant que la liberté se vendra, on achètera l'esclavage : car celui qui désire les richesses, désire la tyrannie ; et celui qui désire la tyrannie, a le cœur d'un enclave.

C'est pourquoi, disait le Christ, celui qui ne renonce pas à toute possession sur la terre, ne saurait être mon disciple.

XXVI.

LA FAMILLE.

La famille est l'image la plus touchante de Dieu sur la terre.

Le père est l'intelligence, la mère est l'amour, et l'enfant est le fruit de leur fécondité.

L'enfant obéit à son père et adore sa mère. La mamelle de la femme est le premier livre où il puise la science de l'amour, et c'est d'elle qu'il apprend à connaître son père.

Mais le père n'est au-dessus de l'enfant que par la sagesse, et il ne doit commander à son fils qu'au nom de la céleste raison.

Autrement, il dégrade le fils de son amour et lui arrache son cœur de fils, pour lui donner un cœur d'esclave ; il lui reprend la vie d'homme qu'il lui a donnée et le condamne à végéter dans la servitude de l'animal.

Alors il n'est plus père, il est bourreau ; et sa victime innocente a le droit de lui résister.

Peuples, vous frissonnez à la vue du parricide, et vous l'envoyez à la mort la tête voilée !

Ôtez ce voile noir de devant ce visage pâle, pour que tous les pères le voient et s'interrogent eux-mêmes avec crainte !

Et si vous croyez qu'il faut des crimes pour épouvanter les coupables, ne punissez pas, par un meurtre, le plus grand des malheurs.

Mais arrachez de la tombe le cadavre du père que son fils a pu assassiner, et qu'on le traîne aux Gémonies ! c'est lui qui a tué son fils.

Exposez en spectacle d'épouvante et d'horreur, la mère dont un enfant révolté a pu déchirer le sein.

Car ce sein monstrueux ne palpita jamais d'amour et n'eut qu'un lait empoisonné.

Le titre le plus sacré, lorsqu'on en abuse, devient une provocation à la plus terrible vengeance.

Pères et mères de famille, songez-y et tremblez, si vous oubliez vos devoirs ! en mettant au jour un enfant, vous vous engagez à lui donner la vie ; or, la vie c'est l'intelligence et l'amour : la vie, c'est la liberté !

Et si vous ne l'instruisez pas, si vous ne l'aimez pas, si vous vous en servez comme d'un animal en le courbant sous le bâton, vous êtes parjures à la nature et à l'amour ; vous faites, pour ainsi dire, blasphémer Dieu même, et vous rendez la Providence marâtre a votre enfant.

Et lorsque vous lui dites que vous êtes son père et sa mère, il a le droit de vous répondre : vous avez menti. Et s'il vous frappe, il vous châtie ; et vous tue.........

Mais c'est à lui plutôt e se voiler la face et de mourir en invoquant un monde meilleur et en pleurant d'être né orphelin, dans des entrailles sans amour.

Le parricide est impossible à l'homme. Comment pourrait-on tuer un père ou une mère ?

Le père et la mère se sont tués eux-mêmes, du jour où ils sont devenus les ennemis de leur enfant.

Et l'enfant aurait le droit peut-être de punir les meurtriers de ses parents.

Mais malheur au siècle qui reçoit de semblables leçons et n'en profite pas ; car il mourra stérile ou périra de la main de ses enfants révoltés.

C'est pourquoi, les enfants de ce siècle s'apprêtent à ensanglanter l'agonie de leur père ; car ce siècle a été un impie qui n'a pas aimé ses enfants.

XXVII.

LE MARIAGE.

Un seul lien doit retenir ensemble l'homme et la femme ; et ce lien, c'est l'amour de leur enfant.

Quand la jeune fille éprouve une vague inquiétude, lorsqu'elle s'attendrit à la vue d'un jeune homme, lorsqu'elle pleure dans la solitude de son cœur.

Le jeune homme regarde la jeune fille et comprend ce qu'elle désire ; car il est tourmenté du besoin d'épancher sa vie et son amour.

Et s'ils se rencontrent seuls, leurs lèvres cherchent en vain des paroles, et s'expliquent enfin par un baiser.

Si ce baiser porte son fruit, l'homme et la femme prendront l'enfant sur leurs bras entrelacés et ne se sépareront plus ; et leur amour réuni sur l'enfant grandira avec lui.

Et si l'amour s'éteignait dans l'un des époux,

il serait comme mort pour l'autre ; et le délaissé pourrait dire à une autre femme ou à un autre homme : soyez la mère ou le père de mon enfant.

Si, au contraire, le baiser est stérile ; si les âmes qui se sont rencontrées dans l'extase d'une caresse ne se comprennent plus.

Que l'homme cherche ailleurs sa bien-aimée, et que la femme attende un autre époux :

Car l'amour seul peut enchaîner l'une à l'autre deux âmes libres ; et l'homme qui retient captive la femme qui ne l'aime pas, attache une vipère sur son cœur.

La jalousie de l'homme qui n'est pas aimé, est le grincement de dents du tigre qui tient ses ongles sur sa proie.

Car l'égoïsme usurpateur a cru que la femme est une chose qu'on peut posséder et dont on peut jouir malgré elle.

La bouche de l'homme qui n'est pas aimé, peut imprimer l'outrage sur les lèvres de la femme ; mais elle ne touche pas à son cœur.

La femme est l'épouse de celui qu'elle aime, et le tyran les sépare, sépare ce que Dieu veut unir ; car Dieu c'est l'amour.

Et lorsque la femme se livre à celui qu'elle n'aime pas, elle commet un adultère.

C'est pourquoi, ô femme, qu'une société maudite vend comme un vil bétail, défendez votre pudeur et ne cédez jamais au crime ! Cet homme qui vous a lâchement achetée et qu'on nomme, par dérision. Votre mari, cet homme a mérité la mort : voyez si vous voulez donner votre vie pour la sienne.

Mais vous laisserez-vous violer ? vous laisserez-vous cracher au visage ? vous laisserez-vous fouler aux pieds comme l'ordure de la rue ? finirez-vous vos jours dans l'abrutissement et la honte, sans que personne ait pitié de vous ?

Une voix terrible s'élève du fond des cachots et vous crie : celui qui se laisse vendre et enchaîner est un lâche, lorsqu'il peut se faire tuer.

Pourquoi choisissez-vous le bagne de l'infamie pour y vieillir prostituée, lorsque vous pourriez monter vierge et glorieuse sur l'échafaud ?

La société des méchants veut vous arracher le cœur, jetez-lui votre tête sanglante au visage et mourez avec votre amour !

O femmes ! n'écoutez pas cette voix criminelle... Mais que ferez-vous alors ?..... Je frémis et je me tais. Hélas ! pourquoi sommes-nous nés dans cette époque de douleur !

XXVIII.

L'ÉDUCATION.

Dans la société infernale des égoïstes, on apprend la servitude aux enfants comme la vie.

On les réunit dans des bagnes qu'on appelle collèges et là, séparés des embrassements de leurs mères, ils croupissent dans des habitudes déréglées qui les énervent. C'est là le commencement nécessaire de l'éducation des esclaves.

Là, les plus stupides de tous les hommes sont gagés pour fausser leur esprit et éteindre leur cœur ; et si leur esprit se révolte contre la sottise du maître, si leur mémoire crache avec dégoût les fadaises qu'on lui ingère, si leur cœur s'indigne contre une discipline abrutissante ; on les prive de nourriture, on les enferme dans des cachots froids et fétides, on les prive de tous délassements de corps et d'esprit ! et les pauvres enfants n'osent se révolter ; car leur mère elle-même, qui a pu si cruellement les délaisser, ne comprendrait pas leur plainte !

Ne faut-il pas qu'ils apprennent à ramper, pour parvenir un jour à la tyrannie ? et veut-on en faire des hommes vertueux, pour qu'ils meurent de faim sur le pave, ou d'ignominie dans les cachots du pouvoir ?

Ce n'est pas la justice qui gouverne le monde, c'est la propriété ; et la propriété ne s'acquiert qu'à force d'insensibilité et de bassesses.

Ainsi, vous faites sagement, parents de ce siècle, en payant des valets pour avilir vos enfants ; vous faites bien de les éloigner de vous, pour les déshabituer de tout amour saint et honnête.

Laissez-les se corrompre mutuellement, ce sera autant d'affaiblissement de gagné pour leur race à venir ; et elle sera plus facile à élever pour la servitude.

Mais laissez-moi du moins vous dire, que vous auriez mieux fait de les prendre par le pied, au sortir du sein maternel, et de leur écraser la cervelle contre la muraille !

Et vous, enfants, qui malgré les lâches attentats dont vous êtes chaque jour les victimes, sentez encore battre un jeune cœur d'homme dans votre poitrine gonflée d'indignation et de colère.

Grandissez, pour le jour de la vengeance ; comptez les affronts qu'on vous fait dévorer, et recevez une éducation de haine contre la société des oppresseurs !

Comprimez en vous-mêmes le feu qu'on veut étouffer, jusqu'au jour où il éclatera en flammes qui consumeront vos cachots. L'homme qui insulte un enfant est plus coupable que s'il outrageait un homme ; car, à la cruauté d'un bourreau, il joint la bassesse d'un lâche.

Et si la main de l'enfant est trop délicate encore pour sceller la punition sur le visage d'un infâme, elle serait assez forte peut-être pour trouver des armes.

Enfants, celui qui est résolu à ne souffrir aucune indignité, et qui n'a pas de crainte servile au cœur, celui-là n'a pas peur des hommes !

Grandissez par la colère, lorsqu'on vous rabaisse par l'outrage.

Sachez que la société où vous vivcz vous étouffe dans une mort lente, et que vous devez vous débattre dans les liens dont elle vous enveloppe, si vous voulez conquérir la vie.

Rugissez comme des jeunes lions, et défendez-vous des ongles et des dents contre ceux qui mutilent la virilité de vos âmes !

Et ainsi, l'éducation des oppresseurs vous sera bonne, car elle vous exercera à leur résister !

XXIX.

LE GLAIVE.

Le Christ a dit : « Je ne suis pas venu apporter « la paix sur la terre, mais le glaive.

« Je suis venu séparer les parents et les frères, « et des serviteurs d'un homme faire ses ennemis. »

Et dans l'Apocalypse, il apparaît tantôt sous la forme d'un homme terrible dont les yeux lancent des éclairs et dont la bouche vomit un glaive deux à deux tranchants ; tantôt sous la figure d'un cavalier qui lance son cheval indompté à travers les nations, en les perçant des traits de son carquois ; tantôt sous la figure d'un chef de guerre qui convie tous les aigles du ciel au banquet de la chair des rois et des princes.

Et pourtant, le même Christ a dit : « Apprenez de moi que je suis doux et humble de cœur. »

Il relevait le roseau brisé et ne marchait pas sur la mèche fumante encore.

Et lorsqu'il se livrait à la mort pour l'humanité, il défendit à Saint-Pierre de se servir de l'épée, « car, dit-il, ceux qui frappent de l'épée périront par l'épée. »

Tels doivent être les Christs du Seigneur.

Leur parole doit être impitoyable comme les anges de la mort, et leur vie doit être douce et sans fiel comme la colombe.

Malheur à l'homme qui se venge, quand l'humanité est outragée !

Malheur à celui qui tire le glaive pour ses propres injures ! car c'est un égoïste et un assassin.

Mais ressouvenez-vous de ce que fit Moïse, lorsqu'en descendant de la montagne sainte, il vit tout Israël prosterné devant le veau d'or.

Il apparut terrible à la porte du camp profané, et d'une voix tonnante, il appela à lui tous ceux qui voulaient être au seigneur, puis il leur dit :« Prenez vos épées, et allez et venez à travers « le camp, tuant tout ce que vous rencontrerez, « sans distinction de femmes, d'enfants, de pa- « rents et d'amis. » Et les Lévites firent un horrible carnage de leurs frères.

Et Moïse les bénit et leur dit : « Vous avez consacré vos mains au Seigneur. »

Est-ce donc que Moïse était un homme de sang ; lui que l'Écriture appelle le plus doux des hommes, lui qui, devant Dieu, offrait si souvent sa vie pour celle de son peuple bien-aimé ?

Non; mais il saignait le corps pour le guérir d'une grande maladie, et en punissant les pères, il les sauvait dans leurs enfants.

Croyez-vous qu'en voyant tous ces cadavres ensevelis à demi dans le sable ensanglanté, son cœur n'ait pas souffert une cruelle agonie?

Mais il relevait sa pensée vers Dieu, qui ne meurt point dans le peuple, et qu'il avait en quelque sorte sauvé pour l'avenir; et alors les pâles cadavres n'étaient plus à ses yeux que les traces hideuses et prêtes à s'effacer d'un crime anéanti.

Une forme criminelle avait été détruite: mais le peuple vivait encore tout entier, et ceux qu'il avait fait tuer, il les avait réveillés d'un mauvais rêve dans une vie meilleure.

Car Moïse n'était pas un enfant qui a peur des fantômes; c'était un prophète de Dieu. Et il commanda aux Israélites qui voulaient entrer dans la terre promise, d'exterminer d'abord tous les peuples de Chanaan.

Nous sommes maintenant dans le désert, et ils mourront peut-être de la main même de leurs proches ceux qui adorent le veau d'or; mais les adorateurs du vrai Dieu combattront ensuite tous ensemble contre le reste des idolâtres et contre tous ceux qui resteront étrangers à la grande famille humaine.

Lorsque Jésus eut essayé en vain d'établir

l'égalité et la fraternité sur la terre, il se résigna à mourir. Mais il dit à ses disciples :

« Tant que j'ai été avec vous, je vous ai en-
« voyés, sans argent et sans provisions, prêcher
« mon évangile et rien ne vous a manqué.

« Mais maintenant que je succombe à l'égoïsme
« et à la haine des hommes, songez à sauver votre
« vie. Que celui qui a de l'argent, le prenne sur
« lui, et que celui qui possède une besace, la mette
« sur son épaule : quant à celui qui n'a rien, vende
« sa robe et qu'il achète une épée ; car moi aussi,
« ils m'ont mis au rang des malfaiteurs ! »

Les disciples ne comprirent pas alors cette parole pleine d'un désespoir divin et d'une foudroyante menace.

Peuples, qui mourez de faim, c'est vous peut-être qui l'expliquerez au monde.

Vous n'avez rien ! mais vous avez peut-être encore un vêtement à vendre ; prenez patience et tenez-vous prêts pour le jour du seigneur.

Ce n'est pas moi qui vous dis de combattre ; car je suis un homme de paix et j'ai horreur du meurtre.

Mais je prédis, au nom du Christ, à ceux qui oppriment le pauvre, que, s'ils ne se réforment pas, ils périront ; et je donnerais de bon cœur ma vie pour les sauver ; car eux aussi ils devaient être nos frères.

XXX.

LA RÉSIGNATION.

Quand le soldat meurt sur le champ de bataille, content d'avoir combattu pour ses frères jusqu'à la mort, il meurt tranquille et résigné.

Il faut souffrir en paix le mal qu'on ne peut empêcher ; car il n'y a pas de mal sur la terre qui ne soit le germe d'un bien.

Mais pour que le germe croisse, il faut briser son enveloppe ; malheur donc aux laboureurs fainéants qui croisent leurs bras et dorment sur la charrue, en disant : *Je suis résigné !*

Le paresseux qui se laisse mourir de faim, peut dire qu'il est résigné comme vous.

Se résigner, lorsqu'on peut combattre, c'est commettre à la fois une trahison contre ses frères et un suicide contre soi-même.

Celui qui se tue, parce que la société lui refuse la vie, se fait le bourreau des tyrans, et mérite la mort qu'il se donne. Pourquoi se charge-t-il d'exécuter les crimes de ses assassins ?

Frère sans cœur, qui laisse ses frères entre les dents des bêtes et qui s'enfuit !

Soldat sans honneur, qui déserte les drapeaux de l'humanité souffrante !

Jeune homme qui veux mourir, écoute : Si tu es le plus criminel des hommes, avant de délivrer la terre de toi-même, rends-lui un service qui puisse te consoler à la mort : délivre-la d'un de tes pareils.

Si tu es vertueux, sois juge des brigands qui t'oppriment ; résiste-leur, tu ne mourras pas au moins sans avoir fait quelque chose pour tes frères ; tu leur laisseras un exemple à suivre, et tu donneras ta vie pour eux.

Les premiers chrétiens, lorsqu'ils voulaient mourir, allaient renverser les idoles ; eh bien ! renverse au moins, par ta parole, ces idoles de chair et de fange que Ion révère, parce qu'elles sont couvertes d'or ; on te traînera devant les juges ; la, tu rendras témoignage au peuple, crucifié, mort et ressuscité, et tu mourras peut-être dans les cachots des malfaiteurs !

Mais n'attente pas à tes propres jours ; car le suicide est aussi coupable que l'assassin.

Aime, prie et travaille, afin que l'amour se répande, et que le meurtre, enfant de l'égoïsme et de la haine, soit anéanti.

Hélas ! comment les enfants du père de famille ont-ils pu se résoudre à tuer leur frère !

J'ai vu la place ou la terre saignait encore du sang d'Abel, et sur cette place passait un ruisseau de pleurs.

Et des myriades d'humains passaient conduits par les siècles, en laissant tomber des larmes dans ce ruisseau.

Et l'Éternité, accroupie et morne, contemplait les larmes qui tombaient ; et il n'y en avait jamais assez pour laver une tache de sang.

Mais, entre deux multitudes et deux âges, vint le Christ, pâle et rayonnante figure.

Et dans la terre du sang et des larmes, il planta la vigne de la fraternité, et les larmes et le sang devinrent la sève délicieuse du raisin qui doit enivrer d'amour les fils de l'avenir.

XXXI.

LA PIÉTÉ.

L'IMPIE est celui qui absorbe son frère ; l'homme pieux est celui qui s'épanche dans l'humanité.

Si le cœur de l'homme concentre en lui-même le feu dont Dieu l'anime, c'est un enfer qui dévore tout et ne se remplit que de cendres ; s'il le fait rayonner au-dehors, il devient un doux soleil d'autour.

La loi du Christ n'a favorisé la compression volontaire, que pour causer, par une réaction infaillible, une effusion plus abondante.

Ne savez-vous pas qu'il a été dit à l'homme : « Ne t'approprie pas les dons de Dieu ; mais ren-« voie le fruit des grâces à l'auteur de la grâce ? »

Et ne vous rappelez-vous pas la parabole des talents, et comment le mauvais serviteur fut blâmé, pour n'avoir pas fait fructifier les biens de son maître, en les mettant dans le commerce ?

Le chrétien égoïste qui s'isole de ses frères, pour faire ce qu'il appelle son salut, ressemble à ce mauvais serviteur.

Car l'homme ne peut se sauver qu'en se perdant pour le salut de tous.

Le Christ est venu faire cesser l'individualisme, et constituer l'association dans l'unité.

Afin que chacun vive dans tous, et tous dans chacun.

Il est venu dissoudre les familles, pour former une seule famille, et c'est pourquoi il disait à sa mère : *Femme, qu'y a-t-il entre vous et moi ?*

Et en regardant le peuple qui écoutait sa parole, il disait encore : *Voici ma mère et voici mes frères !*

Et en léguant sa Mère à son disciple : *Femme, voilà votre fils.*

Il est venu détruire toutes les nations, pour n'en faire qu'une seule nation de frères, dont l'amour et la vérité seront le roi et la reine.

Et c'est pourquoi il protestait contre le monde égoïste qu'il venait détruire, et s'enfuyait sur la montagne, lorsqu'on voulait le nommer *roi des Juifs.*

Et lorsque cette nation contemptrice des autres nations lui demandait si l'on pouvait payer le tribut à César, il demanda à voir une pièce d'argent, et à la vue de ce symbole de l'égoïsme, il dit avec mépris : « Rendez à César ce qui est à

« César, la servitude à la tyrannie ; la corruption « au maître des hommes corrompus ! Tant que la « propriété existera, vous serez esclaves ; et « qu'importe que ce soit de Caïphe ou de César ! « Mais l'amour, mais l'intelligence, mais la liberté, c'est cela que Dieu vous demande pour tous, « parce qu'il l'a donné à tous : Rendez à Dieu ce « qui est à Dieu ! »

Rendre à Dieu ce qui est à Dieu, c'est se donner tout entier aux autres hommes ; car Jésus n'a-t-il pas dit, parlant au nom de Dieu même : « Ce que vous aurez fait au moindre de vos « frères, c'est à moi que vous l'aurez fait ? »

Et saint Jean : « Celui qui n'aime pas les « hommes qu'il voit, comment peut-il aimer Dieu « qu'il ne voit pas ? » Cet apôtre était le seul entre les douze qui eût reposé sa tête sur le cœur de Jésus : aussi a-t-il écrit la révélation du règne de la liberté dans sa mystérieuse Apocalypse.

Et dans sa vieillesse, il répétait toujours : « mes « petits enfants, aimez-vous les uns les autres ; « car c'est toute la loi du Seigneur. »

XXXII.

LE PRÊTRE.

Quel avenir ferons-nous à notre fils ? ont dit des parents insensés ; il est faible d'esprit et de corps, et son cœur ne donne pas encore signe de vie.

Nous en ferons un prêtre, afin qu'il vive de l'autel.

Et ils n'ont pas compris que l'autel n'est pas une mangeoire pour les animaux fainéants.

Un enfant, au contraire, est né d'une famille pauvre, et son esprit et son cœur ont aspiré presqu'en naissant à la science et à l'amour.

Et l'Église lui a dit : *Viens sur mon sein ; il a un lait pur pour ta lèvre, et des étreintes pour ton cœur.*

Et le pauvre enfant a renoncé à sa famille pour devenir le père de tous les orphelins. Il a renoncé à des choses qu'il ne connaissait pas encore, et, avant de savoir ce que c'est d'être homme, il a espéré d'être un ange.

Car il se sentait déjà enlevé au ciel sur les ailes de la poésie et de l'amour.

Mais les prêtres ont regardé cet enfant comme un rêveur et comme un fou, ils lui ont dit : *Abjure ta pensée, et dévore ton cœur.*

Ne cherche pas Dieu, obéis-nous ; ne pense pas, écoute et crois : n'aime pas, fais notre métier.

Et le cœur du jeune homme s'est pris d'un grand ennui et d'un profond désespoir : je me consolerai en faisant du bien aux malheureux ; on ne me défendra pas d'obéir à Jésus-Christ.

Et il a trouvé une pauvre orpheline rejetée de tous, parce qu'elle était malade et sans pain ; et il l'a appelée ma fille.

Il l'a fait asseoir au banquet de Dieu ; et il lui a dit : « Ma fille, je suis pauvre comme vous ; mais « ce que j'ai, je vous le donne ; mes prières, mes « larmes et mon cœur ».

Alors la pauvre enfant a levé les yeux vers son ami et lui a dit : personne encore ne m'avait parlé comme vous me parlez ; aussi je vous aime, comme je n'ai jamais aimé personne.

Le jeune Lévite alors a rembruni son front et a pleuré. Que se passait-il dans son cœur ?

Depuis ce jour, il a repoussé la jeune fille qui revenait toujours à lui, en lui disant : que vous ai-je fait, et pourquoi n'êtes-vous plus mon ami ? Est-ce que je fais mal de vous aimer ?

Le jeune homme alors lui tendait une main

qu'elle couvrait de larmes, et il paraissait horriblement souffrir.

Et il est allé trouver un vieillard au cœur sévère, et lui a fait l'aveu de ses souffrances.

Le vieillard, d'un reste menaçant, l'a banni loin de l'autel.

Mais hélas ! Le cœur du jeune homme était enchaîné au sanctuaire par un vœu qu'il ne pouvait rompre ; et en s'éloignant, il a senti sa poitrine se déchirer, puis son cœur tomber tout sanglant sur le marbre du sanctuaire.

Ce jeune homme avait une mère vieille et infirme, qu'il espérait nourrir des offrandes de l'autel.

La pauvre femme a vu la douleur de son fils et ne l'a pas affligé davantage par des plaintes ; mais elle s'est enfermée seule dans sa pauvre demeure, et on l'a trouvée morte le soir.

Le jeune a été depuis ce jour errant comme Caïn, quoique son cœur fût doux et soumis comme celui d'Abel.

La jeune fille pour laquelle il s'était perdu, a vu sa peine, et s'est retirée avec dédain ; et lui ne s'en est pas offensé ; car il ne pouvait plus lui faire aucun bien, et il ne l'aimait que pour elle.

Il est allé par le monde, conversant avec les maudits et consolant les malheureux ; car, si sur l'océan de fiel dont son cœur était noyé un peu de miel surnageait encore, il le recueillait avec soin et le distribuait à ses frères.

Seul et sans ressource, il serait mort de faim en encourageant les pauvres; mais il trouva des samaritains charitables. Les prêtres l'avaient repoussé, un pauvre histrion le nourrit, et fit plus encore: il l'aima.

Or, je vous demande comment seront traités, au jugement de Dieu, le Lévite qu'ils ont appelé apostat, les prêtres orgueilleux et le pauvre histrion?

Et je vous demande encore, vous tous qui cherchez le bien dans la sincérité de votre cœur, auquel de tous ceux-là voudriez-vous ressembler?

Le Lévite a eu tort d'aimer, après avoir fait vœu d'être ministre de l'autel.

Un prêtre est donc nécessairement un homme sans amour?

C'est alors un être plus vil que l'animal; car l'animal a des affections et des sympathies.

Aussi, regardez la plupart des prêtres, et jugez.

Que disent à votre cœur ces hommes gras, aux yeux sans regard, aux lèvres pincées ou béantes?

Écoutez-les parler? que vous apprend ce bruit désagréable et monotone?

Ils prient comme ils dorment, et ils sacrifient comme ils mangent.

Ce sont des machines à pain, à viande à vin, et à paroles vides de sens.

Et lorsqu'ils se réjouissent comme l'huître au soleil, d'être sans pensée et sans amour, on dit qu'ils ont la paix de l'âme.

Ils ont la paix de la brute; et pour l'homme celle du tombeau est meilleure. C'est pourquoi, au lieu de leur ressembler, je préfère mourir!

Je suis ce Lévite apostat dont je viens de conter la douloureuse histoire.

Et je bénis le Dieu des malheureux de m'avoir donné cette abondante part de son calice.

Et à tous ceux qui me condamnent, je réponds avec Jésus-Christ: qui d'entre vous pourra me convaincre de péché?

Et quand même je serais coupable, que celui d'entre vous qui est sans péché me jette la première pierre.

Mais je devais ressembler au maître dont il est écrit qu'il a été compté au nombre des méchants.

Eh bien! je vous salue, mes frères les proscrits, les Parias, les excommuniés et les condamnés!

Je viens vous présenter les épis déjà blanchissants de la moisson nouvelle, de la moisson que j'ai arrosée de mes larmes.

Au nom du Christ que les Pharisiens ont méprisé, comme moi, pour s'être laissé toucher par une femme pécheresse;

Qu'ils ont condamné, comme moi, pour avoir prêché l'amour et la liberté,

Et qu'ils ont fait mourir entre deux voleurs, comme je mourrai peut-être un jour !

Je vous convie aux noces que le père de famille prépare à son fils bien-aimé.

Venez à moi, vous tous qui souffrez et qui êtes chargés, et je vous soulagerai.

Car j'ai souffert tout ce qu'on peut souffrir de plus dur au monde, et j'ai encore dans le cœur des joies ineffables que je veux partager avec vous.

Ce qu'on souffre pour l'amour augmente l'amour ; et ce qui augmente l'amour, augmente le bonheur.

XXXIII.

L'ORIGINE DU MAL.

CELUI qui cherche l'origine du mal, cherche ce qui n'est pas.

Le mal est l'appétit du bien ; or, le bien se désire lui-même : donc, en ce qu'il a d'existence réelle, le mal est un commencement du bien.

La faim est-elle une souffrance ou le commencement d'un plaisir ?

Dieu seul existe réellement ; et Dieu, c'est le bien infini.

Mais, dans les rêves de notre intelligence imparfaite, nous accusons le travail de Dieu, parce que nous ne comprenons pas la pensée éternelle de l'ouvrier céleste.

Nous ressemblons à l'ignorant qui juge le tableau sur la première ébauche, et qui dit, lorsque la tête est faite : cette figure n'a donc pas de corps ?

Rien de ce qui est arrivé dans le monde, depuis le commencement, n' a été un mal ; le bien a germé lentement, et la terre s'est remuée pour faire place aux célestes épis.

Les hommes ont commencé par être presque des animaux : il leur fallait alors des bergers pour les tondre et les mener paître.

Car sachez que toute puissance qui s'établit sur les hommes, représente le règne actuel de Dieu sur ces hommes-là.

Dieu règne davantage où il est compris et plus aimé ; où ne sont pas l'intelligence et l'amour, la force brutale doit triompher et elle est un moyen d'existence.

Et elle est Dieu pour les animaux ; parce qu'elle est ce que Dieu a voulu manifester en eux.

Ne vous récriez donc jamais sur la dureté des temps et sur l'injustice des dominations ; car tous les temps sont bons et tous les pouvoirs sont justes dans leur temps.

Quand les peuples grandissent, ils brisent naturellement et sans effort les lisières de leur enfance : la souveraineté du peuple n'est pas un droit, c'est un fait, c'est la souveraineté de Dieu.

Néron, c'était le peuple romain de son époque, dignement représenté par un homme ; aussi le peuple l'adorait.

Si un troupeau de moutons était tout-à-coup transformé en une troupe d'hommes ou de lions, croyez-vous qu'il obéirait encore au chien et au berger ?

Tant que le peuple obéit, le pouvoir est juste ; car les masses n'obéissent qu'à Dieu.

Que parlez-vous donc de tyrannie, de crimes et de meurtres ? Parlez de guerre, on vous comprendra ; car la guerre existe entre le grain et son enveloppe que le germe tend à briser.

L'animal tue et dévore ; est-il coupable ? Non ; il obéit à son instinct.

Pour vous défendre de l'animal, vous le tuez ; êtes-vous coupable ? non vous avez le droit de conserver votre vie.

Pourquoi donc parlons-nous des droits de l'homme ? pourquoi crions-nous vengeance ? pourquoi appelons-nous le peuple aux armes ?

C'est pour voir si, dans quelques animaux, ne se réveilleront pas des cœurs d'hommes, afin que le travail du développement soit avancé.

Nous proférons des paroles de colère, pour faire peur à des enfants ; mais nous ne haïssons personne.

Le tyran est une bête vorace qui se gonfle de chair saignante ; nous le croyons utile dans son temps, puisque Dieu l'a fait ; et nous lui ferons la chasse sans le haïr ; car on ne haït ni le tigre, ni le lion, lorsqu'on cherche à les détruire.

Tout meurtrier est ou un animal qui dévore

un homme, ou un homme qui se délivre d'un animal dévorant.

Et j'ai vu les animaux voraces, constitués en assemblée, juger et condamner un homme qui avait tué un de leurs pareils : ils appelaient cela la justice. J'en aurais si cela ne m'avait pas fait une profonde pitié.

Mais la société qui souffre de pareilles choses, est encore une société ou le principe animal domine : pourquoi s'en irriter ? l'heure n'est pas venue ; il faut travailler et attendre.

Tout arrive dans son temps, et c'est pourquoi tout est bien. Le progrès modifie l'opinion et l'opinion est reine du monde.

Quand nous prêchons la liberté, prétendons-nous qu'on déchaîne les tigres ? Non : car nous serions dévorés.

Et quand nous parlons de fraternité, voulons-nous associer les brebis avec les loups, et les pourceaux avec les petits enfants ?

Non : mais nous voulons d'abord qu'on chasse de la société humaine, les loups, les tigres et les pourceaux.

Ce n'est pas la figure, ce sont les mœurs, c'est l'intelligence et l'amour qui font l'homme.

Car, pour être moins adroit et moins agile ; pour avoir le museau un peu moins long, le crétin vaut-il mieux qu'un singe ?

Avant d'être égaux, il faut que tous soient

hommes : autrement dit il nous faudrait redresser les ânes, ou retomber nous-mêmes à quatre pattes.

Éprouvez l'homme avec la verge et avec l'amour.

S'il obéit à l'amour, qu'il soit votre frère ; s'il n'écoute que la verge, faites-en votre bête de somme.

Celui qui, au milieu d'un peuple abruti, conspire contre le despotisme, conspire contre sa patrie et mérite la mort.

Que cependant celui que l'esprit de liberté tourmente au milieu des esclaves, ne l'étouffe pas dans son sein. Qu'il voie s'il consent à être coupable et puni, pour devenir le germe du salut à venir.

Car sa parole ne mourra point ; et elle travaillera au sein des esclaves qui l'auront tué, et elle y produira, dans son temps, des cœurs d'hommes.

Alors le martyr ressuscitera glorieux et sera proclamé sauveur.

Ne craignons pas de le répéter : le Christ a été justement puni de mort, selon les lois de son temps ; mais sa mort a brisé la justice pour la renouveler et l'agrandir.

Et c'est pourquoi il disait en mourant : Père pardonnez-leur, car ils ne savent ce qu'ils font.

Ainsi voyez combien la haine est un sentiment absurde ; et ne croyez pas aux méchants.

Les hommes vertueux sont les premiers épis mûrs ; arracherez-vous, pour cela, la moisson encore verte ?

C'est Dieu qui choisit ceux qui mûrissent les premiers ; et c'est là le petit nombre des élus.

Car chaque année a ses épis précoces qui doivent fournir la semence de l'année suivante.

Ce sont les saints et les prophètes de tous les temps ; mais le reste de la moisson mûrira et pas un grain ne sera perdu. En quoi donc peut s'enorgueillir celui qui est appelé le premier ?

Il a la gloire de souffrir comme le Christ : car n'étant pas de son époque, il n'est pas compris et passe pour un fou et pour un impie.

Et ceux qui le persécutent ne font pas mal, en un sens : car ils agissent selon leur conscience et la mesure de lumière que Dieu a donnée à leur temps.

C'est dans ce sentiment qu'il doit mourir en paix, en priant Dieu pour ses bourreaux.

Conservez donc en vous la confiance de l'amour, et ne croyez qu'au bien : vous conserverez la paix de votre cœur.

XXXIV.

LE PROGRÈS.

Si le progrès de l'humanité n'est qu'un rêve, Dieu et la liberté ne sont que des mots.

Le mal existe, et le Dieu absolu n'est pas.

Deux principes opposés se disputent le monde : il y a deux Dieux ; donc il n'y a pas de Dieu.

Donc rien n'existe ; car Dieu c'est tout.

Que celui qui a de l'intelligence comprenne et médite.

L'ébauche d'un peintre habile est bien, pour une ébauche ; mais sera-t-il un peintre, même médiocre, s'il ne sait pas la terminer ?

Supposez le progrès, tout est bien dans le monde ; sans le progrès, tout est mal.

Le progrès est le fondement de la foi, le soutien de l'espérance, et le consolateur de l'amour.

Vous demandez pourquoi tant de nations ont péri, après avoir éclairé le monde de leur gloire ?

Je vous réponds que les nations se succèdent comme les hommes, et que rien n'est stable, parce que tout marche vers la perfection.

Le grand homme qui meurt lègue à sa patrie le fruit de ses travaux; la grande nation qui s'éteint sur la terre, se transfigure en une étoile, pour éclairer le ciel de l'histoire.

Ce qu'elle a écrit par ses actions, reste gravé dans le livre éternel; elle a ajouté une page à la bible du genre humain.

Ne dites pas que la civilisation est mauvaise; car elle ressemble à la chaleur humide qui mûrit les moissons; elle développe rapidement les principes de vie et les principes de mort; elle tue et elle vivifie.

Elle est comme l'ange du jugement qui sépare les méchants du milieu des bons.

La civilisation transforme en ange de lumière les hommes de bonne volonté; et rabaisse l'égoïste au-dessous de la brute.

Nous sommes encore dans l'enfance de l'humanité; c'est pourquoi la civilisation a fait périr les masses en révélant en elles le principe d'abrutissement.

Mais, du milieu de cette matière corrompue le soleil, dès le commencement, a dégagé des hommes et des anges.

Hénoch fut enlevé vivant au ciel, et laissa un livre gravé sur la pierre; Hermès et Orphée recueillirent l'âme d'un monde enseveli sous le déluge ; Socrate et Pythagore, Platon et Aristote s'élèvent encore vivants sur les ruines de la civilisation des Grecs ; Homère semble avoir conversé avec les auteurs de la Bible ; et il ne nous reste, des grandeurs de Rome, que les écrits immortels qu'élabora le siècle d'Auguste.

Ainsi, Rome n'avait peut-être ébranlé l'univers de ses guerrières convulsions, que pour enfanter son Virgile.

Le christianisme est le fruit de toutes les méditations des Sages de l'Orient, qui revivent en Jésus Christ.

Ainsi, la lumière des esprits s'est levée où se lève le soleil du monde ; le Christ a conquis l'occident, et les doux rayons du soleil de l'Asie ont touché les plus noirs glaçons du Nord.

Remuées par cette chaleur inconnue, des fourmilières d'hommes nouveaux se sont répandues sur un monde épuisé ; les âmes des peuples morts ont rayonné sur les peuples nouveaux, et ont augmenté en eux l'esprit de vie.

Et il s'est trouvé une nation qui, comme le foyer du miroir ardent, a réuni tous les rayons de la civilisation nouvelle, et, de ce faisceau de lumière, est sortie une femme belle comme Dieu même ; et le peuple élu l'a saluée du nom de Liberté !

C'est alors que la révélation de Dieu au monde a reçu son complément.

La femme est remontée au ciel ; mais le peuple en a gardé ; le souvenir dans son cœur.

Les premiers amants de la Liberté sont morts pour elle ! les premiers épis mûrs ont été moissonnés !

Le regard de cette beauté dévorante a brûlé tous les cœurs qui l'ont aimée, et ils se sont absorbés en elle ; et ils vivent en elle, non plus comme individus, mais comme pensée et amour.

Les autres, qui ne l'ont pas comprise, ont été aveuglés par la lumière et se sont abrutis : croyez-vous que pour cela l'humanité n'a pas marché ?

Croyez-vous que le serment du Jeu-de-Paume ait été une rumeur jetée au vent, et que la liberté ait péri sur l'échafaud de Robespierre ?

Croyez-vous que tout Napoléon soit mort à Sainte-Hélène, et qu'il ne reste que des cendres glacées dans la plaine de Waterloo ?

Le grain se pourrit ; c'est que le germe va paraître. La France est morte martyre pour le monde ; elle vit maintenant ressuscitée dans tous les peuples que remue le saint nom de la liberté !

Pourquoi regardez-vous dans l'antre où les bourreaux l'avaient jetée ? Vous n'y trouverez que de la cendre et des vers qui rongent les lambeaux d'un linceul.

Elle est ressuscitée, elle n'est plus ici ; pourquoi cherchez-vous les vivants parmi les morts ?

La France a accompli sa mission sur la terre ; elle est morte martyre, et elle règne maintenant dans le ciel.

La France n'est plus une Nation, mais une grande idée nationale ; ce n'est plus un peuple, c'est une gloire ; ce n'est plus une république, c'est la liberté du monde ; ce n'est plus une portion de terre, c'est l'avenir de l'univers entier.

La France a été et elle n'est plus ; et elle sera encore plus grande et plus glorieuse.

France, veut dire liberté ; et ce nom conviendra un jour à l'humanité tout entière.

XXXV.

L'AVENIR.

Les animaux continueront de s'entre-dévorer jusqu'à la fin ; l'homme seul est immortel.

Et quand il y aura dans l'humanité plus d'hommes que de brutes, commencera l'association des hommes libres.

Et Dieu bénira ce peuple et lui dira : *Croissez et multipliez-vous.*

Mais avant ce temps, les fourmilières du Nord doivent renouveler la terre une seconde fois ; car la forme de notre société est usée, et son âme veut passer à des peuples nouveaux.

Alors tout se constituera selon la loi de l'unité. J'ai dit aux pauvres : *Dévorez les riches* ; et aux esclaves : *Égorgez les tyrans ; parce que les riches et les tyrans doivent périr.*

Mais les voleurs du riche deviendront riches à leur tour ; les esclaves deviendront tyrans, et trouveront leur punition dans leur victoire.

L'esprit de liberté sauve les hommes ; d'intelligence et d'amour, en les sacrifiant, et tend un piège aux hommes d'égoïsme et de rapines.

Voleurs contre voleurs, assassins contre assassins, ruez-vous, battez-vous, égorgez-vous, entre-déchirez-vous.

Les hommes d'avenir sont autour du camp comme les soldats de Gédéon ; ils brisent leur vie comme un vase d'argile, et élèvent dans leurs mains des lampes de feu en sonnant de la trompette.

Ils ne tireront pas l'épée ; leur parole suffira, et les Madianites s'entre-tueront.

Anges de la guerre et de la mort, volez sur les ailes rouges de l'incendie, et annoncez à la terre la chute de la grande Babylone !

Voici la solution des nombres, et la démonstration éternelle de l'unité.

Un peuple, un Dieu, une loi, un roi.

Et Dieu sera le peuple ; et la loi sera Dieu, et le roi sera la loi.

La justice et la paix régneront sur tous ; et elles auront pour interprète un serviteur du peuple, assisté d'un conseil d'hommes sages, gardien des trésors de l'État.

Les trésors de l'État seront la sagesse et l'amour ; l'or ne servira plus que pour faire des statues aux grands hommes.

Le roi sera un homme de peine qui se sacrifiera pour tous : aussi désirera-t-il être soulagé de ce fardeau ; et il n'y aura plus d'ambition que dans un plus grand amour des hommes.

La parole du roi sera la parole de la loi ; aussi sera-t-elle juste comme la balance et tranchante comme l'épée.

Car le roi sera le représentant du peuple, et le peuple seul sera monarque et pontife suprême : l'homme vivra et régnera immortel ; et ce sera l'homme-Dieu, le peuple-Christ, le Verbe incarné.

Et le Christ devenu peuple, remettra le monde entre les mains de son père, et ira s'asseoir à la droite de Dieu.

Et son règne n'aura pas de fin. Amen.

XXXVI.

LE TEMPLE.

Lorsque l'esprit se sera révélé, toute la trinité se manifestera dans sa gloire.

L'humanité ressuscitée aura la grâce de l'enfance, la vigueur de la jeunesse et la sagesse de l'âge mûr.

Toutes les formes qu'a successivement revêtues la pensée divine, renaîtront immortelles et parfaites.

Tous les traits qu'avait esquissés l'art successif des nations, se réuniront, et formeront l'image complète de Dieu.

Jérusalem rebâtira le temple de Jéhova sur le modèle prophétisé par Ézéchiel ; et le Christ, nouveau et éternel Salomon, y chantera, sous des lambris de cèdres et de cyprès, ses noces avec l'épouse du Cantique.

Mais Jéhova aura déposé sa foudre pour bénir des deux mains le fiancé et la fiancée : il apparaîtra souriant entre les deux époux, et se réjouira d'être appelé père.

Cependant la poésie de l'Orient, dans ses magiques; souvenirs, l'appellera encore Brama et Jupiter. L'Inde apprendra à nos climats enchantés les fables merveilleuses de Vishnou, et nous essaierons, au front encore sanglant de notre Christ bien-aimé, la triple couronne de perles de la mystique Trimourti. Vénus purifiée, sous le voile de Marie, ne pleurera plus désormais son Adonis; l'Époux est ressuscité pour ne plus mourir, et le sanglier infernal a trouvé la mort dans sa passagère victoire.

Relevez-vous, temples de Delphes et d'Éphèse; le Dieu de la lumière et des arts est devenu le Dieu du monde, et le Verbe de Dieu veut bien être nommé Apollon! Diane ne régnera plus veuve dans les champs solitaires de la nuit; son croissant argenté est maintenant sous les pieds de l'épouse.

Mais Diane n'est pas vaincue par Vénus, son Endymion vient de se réveiller, et la virginité s'enorgueillit d'être bientôt mère.

Sors de la tombe, ô Phidias, et réjouis-toi de la destruction de ton Jupiter: c'est maintenant que tu vas enfanter un Dieu!

O Rome! Que tes temples se relèvent à côté de tes basiliques; sois encore la reine du monde et le Panthéon des nations; que Virgile soit couronné au Capitole par la main de saint Pierre, et que l'Olympe et le Carmel unissent leurs divinités sous le pinceau de Raphaël !

Transfigurez-vous, antiques cathédrales de nos pères ; élancez, jusque dans les nues, vos flèches ciselées et vivantes, et que la pierre raconte, en figures animées, les sombres légendes du Nord égayées par les apologues dorés et merveilleux du Coran.

Que l'Orient adore Jésus-Christ dans ses mosquées, et que, sur les minarets d'une nouvelle Sainte-Sophie, la croix s'élève au milieu du croissant !

Que Mahomet affranchisse la femme, pour donner au vrai croyant les houris qu'il a tant rêvées ; et que le Christ se console de son long veuvage parmi les anges de Mahomet.

Toute la terre revêtue des riches ornements que lui ont brodés tous les arts, ne sera plus qu'un temple magnifique dont l'homme sera le prêtre éternel.

Tout ce qui a été vrai, tout ce qui a été beau, tout ce qui a été doux dans les siècles passés, revivra glorieux dans cette transfiguration du monde : et la forme restera inséparable de l'idée, comme le corps sera un jour inséparable de l'âme ; quand l'âme parvenue à toute sa puissance se sera fait un corps à soit image.

Ce sera là le royaume du ciel sur la terre ; et

les corps seront les temples de l'âme, comme l'univers régénéré sera le temple de Dieu.

Et les corps et les âmes, et la forme et la pensée, et l'univers entier seront Dieu.

Amen ! amen ! amen !

XXXVII.

AUX ISRAÉLITES.

ENFANTS d'Israël, pourquoi, au milieu du mouvement des nations, restez-vous immobiles, comme si vous gardiez les tombeaux de vos pères ?

Vos pères ne sont pas ici ; ils sont ressuscités car le Dieu d'Abraham, d'Isaac et de Jacob n'est pas le Dieu des morts !

Pourquoi imprimez-vous toujours à votre génération la marque sanglante du couteau ? Dieu ne veut plus vous séparer des autres hommes ; soyez nos frères, et mangez avec nous les hosties pacifiques sur des autels que le sang ne souille jamais.

La loi de Moïse est accomplie : lisez vos livres, et comprenez que vous avez été un peuple aveugle et dur, comme le disent tous vos prophètes !

Enfants d'Israël, devenez les enfants de Dieu ; comprenez et aimez.

Vous avez eu une grande foi une grande espérance ; et vous ne serez pas trompés dans votre attente.

Le règne du nouveau Salomon va vous réunir enfin dans votre patrie : rassemblez vos richesses, prenez vos habits de fête, annoncez à vos familles la nouvelle heureuse, et préparez-vous à repasser les mers.

Dieu a effacé de vos fronts le signe de Caïn ; et les peuples, en vous voyant passer, ne diront plus : *Voilà les Juifs*, ils s'écrieront : *Place à nos frères ! Place à nos aînés dans la foi !*

Et nous irons, tous les ans, manger la Pâque avec vous dans la Jérusalem nouvelle.

Et nous nous reposerons sous votre vigne et sous votre figuier ; car vous serez encore les amis du voyageur, en souvenir d'Abraham, de Tobie et des anges qui les visitaient.

Et en souvenir de celui qui a dit : celui qui reçoit le plus petit d'entre vous, me reçoit moi-même.

Car désormais, vous ne refuserez plus un asile dans votre maison et dans votre cœur à votre frère Joseph, que vous avez vendu aux nations.

Parce qu'il est devenu puissant dans la terre d'Égypte, ou vous cherchiez du pain pendant les jours de la stérilité.

Et il s'est ressouvenu de son père Jacob et de Benjamin, son jeune frère; et il vous pardonne votre jalousie, et il vous embrasse en pleurant!

XXXVIII.

AUX CHRÉTIENS.

CHRÉTIENS, prosternez-vous et baisez la terre; le Dieu Crucifié vient de mourir!

La terre tremble: les morts ressuscitent et le voile du sanctuaire se déchire: le soleil a caché sa face; car le peuple achève son agonie: les dernières gouttes de sang coulent avec lenteur des veines déchirées du peuple martyr. Sa poitrine se gonfle et s'abaisse, le râle de la mort entr'ouvre ses lèvres sèches et livides, les Pharisiens l'insultent, et il crie: mon Dieu! mon Dieu! pourquoi m'as-tu abandonné? sa tête tournoie et retombe sur sa poitrine; elle se relève..... laisse échapper un cri terrible et retombe affaissée.

Chrétiens, prosternez-vous et baisez la terre; le Dieu crucifié vient de mourir!

Les satellites de l'égoïsme se sont partagé la terre comme les dépouilles de la victime; et ce qu'ils n'ont pu diviser, ils l'ont jeté au sort.

O chrétiens ! votre religion veuve et désolée se tient comme Marie debout au pied de la croix et, noyée dans une mer d'amertume, elle pleure et ne veut pas être consolée, parce que son fils n'est plus.

Et elle dit à tous ceux qui passent par le chemin : regardez et voyez s'il est une douleur semblable à ma douleur. Et comment pourrai-je vous consoler ? allez, enfants de Dieu, allez ! car la main de Dieu m'a frappée, et je dois rester seule dans ma désolation et mon veuvage.

O chrétiens ! Pourquoi tourmentez-vous les mamelles épuisées de celle dont l'enfant est mort ? achetez des parfums et allez au tombeau dont les prêtres ont scellé la pierre : le Christ ne vous laissera pas orphelins, il reviendra vers vous.

XXXIX.

AUX MUSULMANS.

Enfants des croyants, nous chanterons avec vous : Il n'y a pas d'autre Dieu que Dieu, et Mahomet est son prophète !

Dites avec les enfants d'Israël : Il n'est point d'autre dieu que Dieu, et Moise est son prophète !

Dites avec les chrétiens : Il n'y a point d'autre dieu que Dieu, et Jésus-Christ est son prophète !

Élevez un autel dans vos mosquées, et sur cet autel vous mettrez la Bible, et sur la Bible l'Évangile, et sur l'Évangile, le Coran : vous comprendrez la Trinité.

Le Coran a été la prophétie du règne de l'esprit : il venge l'unité divine d'une trinité mal entendue ; à la résignation il allie la guerre sainte, il établit en tout et partout le règne de Dieu seul. Il ne veut pas qu'il y ait d'esclaves parmi les croyants ; mais il réunit toutes les volontés dans une volonté unique.

Tout en assujettissant la femme pour un temps, selon la loi du péché, il la transfigure et la déifie. La femme esclave n'est qu'une chair sans âme; mais la femme libre et régénérée est la félicité du ciel; et l'éternité rayonne dans le sourire des houris. Un jour les vrais croyants, pour prix de leurs vertus régneront aux pieds de la femme; et leur récompense sera un mariage éternel.

Le croissant, image de la porte mystérieuse de la vie, apparaît à la fois sur le front de Diane, sous les pieds de Marie et sur le sommet de vos temples: c'est la porte du ciel que la clef de l'amour doit ouvrir: c'est le symbole trinitaire de la femme.

Que la croix élève son étendard au milieu du croissant, et complète la figure mystique du lingam, par l'unité d'un triple Phallus; et ce sera l'ancre de l'espérance qui fixera l'arche des nations.

Jésus va épouser la plus belle des houris: la liberté sainte qui vient de vous apparaître, et dont le doux regard a fait tressaillir l'Orient.

Venez, il vous invite au banquet de son alliance; et il changera pour vous l'eau des urnes de pierre en des fontaines d'un vin délicieux.

Et, au festin des noces, sur trois trônes égaux, trois prophètes seront assis: Jésus, le fiancé, sera au milieu, parce qu'il est venu au milieu des temps: Moise sera à sa gauche et Mahomet à sa droite.

La robe de Mahomet sera toute d'or et d'émeraudes; son turban sera bleu et étoilé de diamants comme le ciel.

L'arbre Tuba fera, de ses branches courbées sous les fruits, un dais à la table céleste.

Et l'épouse sera blanche comme la lune, et vermeille comme le sourire de l'aurore.

Tous les peuples accourront pour la voir, et ils ne craindront plus le passage terrible du Sirath.

Car, sur ce pont tranchant comme une lame de rasoir, le Christ étendra sa croix et viendra lui-même prendre, par la main, ceux qui chancelleront.

Et à ceux qui seront tombés, l'épouse tendra son voile embaumé et les attirera vers elle.

Et quand la mort se présentera pour passer la dernière, le Christ et Mahomet la prendront et la jetteront dans l'abîme.

Et elle mourra brisée dans sa chute; mais en tombant, du dernier coup de son aiguillon elle tuera l'enfer.

Alors la majesté d'Allah se révélera comme un cercle immense de lumière autour de la salle du banquet; et cette lumière envahira tous les convives comme un océan de splendeur; et tout sera transfiguré, en un soleil de clarté et d'amour.

XL.

LE CANTIQUE.

ALORS l'époux ressuscité dira, en se penchant vers la céleste épouse : qu'elle me baise du baiser de sa bouche ! Car, ô divine amie, tes mamelles sont meilleures que le vin de mon sacrifice.

Elles sont embaumées des plus doux parfums de l'amour ; aussi les âmes adolescentes ont été éprises de toi ; car ton nom est plus suave que l'huile répandue.

Entraîne-moi vers l'éternel bonheur, nous courrons attirés par l'odeur de tes parfums.

Le Roi des célestes plaisirs m'a fait entrer dans ses celliers garnis de délices ; nous triompherons et nous nous réjouirons en toi ; et le souvenir de ton sein nous enivrera mieux que le vin le plus exquis. O femme ! ceux qui t'aiment sont les justes, ceux qui te haïssent sont les méchants.

Et la femme régénérée, l'éternelle épouse répondra : j'ai été esclave de mes frères ; les enfants de ma mère ont été cruels envers moi ; ils m'ont fait garder leur vigne, et le soleil m'a décolorée ; ils m'ont fait garder leur vigne et je n'ai pas gardé la mienne. Je suis brune, mais je suis belle. Ne me méprisez pas, parce que le suis brune ; le soleil m'a décolorée. Mais, dis-moi, ô toi que mon cœur aime, dis-moi le lieu de ton repos, afin que je me console entre tes bras et que je ne me fatigue plus à suivre les troupeaux des esclaves. Mon roi me prendra sur sa couche, et mes parfums embaumeront son sommeil. Mon bien-aimé est pour moi comme un bouquet de myrrhe, et il restera entre mes deux jumeaux. Mon bien-aimé est un raisin de Chypre dans les vignes d'Eugaddi.

Et l'époux : Tu es belle, mon amie, tu es belle ; tes yeux sont des yeux de colombe.

Tu es beau, mon bien-aimé, tu es beau et majestueux. Notre lit est fleuri, notre toit est de cèdre, et nos lambris sont de cyprès.

Mais pourquoi redire ici les entretiens sacrés de l'époux et de l'épouse ? Salomon, le plus sage des hommes, a achevé ce doux chant d'amour, et les siècles ont conservé ce tableau d'un siècle meilleur. L'amour pur de l'homme et de la femme est ce que le monde peut offrir à Dieu de plus céleste et de plus pur ; c'est l'encens du bonheur qui monte vers l'Éternel ; c'est la joie du monde ; c'est le miroir des embrassements de Dieu et de la nature, c'est *le cantique des cantiques.*

Prenez le livre de Salomon et lisez, vous qui êtes dignes de comprendre.

Et lorsque vous aurez compris, ne lisez plus, ne cherchez plus, ne souffrez plus ; aimez !

Ne soyez plus sages, ne soyez plus savants, ne soyez plus vertueux ; aimez ! Car c'est toute la loi du Seigneur, et Dieu lui-même n'est qu'amour !

FIN

LAMENTATION.

I.

Vaisseaux, dont tous les vents arrondissent les ailes,
    Et qui croisez toutes les mers,
Pour savoir si le monde a des filles nouvelles
    Dans le berceau des flots amers;
A l'horizon d'azur, dès que poindra la terre,
    Dès que vous verrez s'approcher
Un promontoire, un cap, une île solitaire,
    Qui sur l'eau semblera marcher,
Retenez votre proue au milieu de l'écume
    Qu'elle mord en la repoussant;
Laissez des flots émus se calmer l'amertume
    Dans le sillage blanchissant:
Puis, pavoisant de deuil votre altière mâture,
    Criez d'une lugubre voix,
Que Jésus, le grand Dieu, le Dieu de la nature,
    Est mort pour la seconde fois!
Alors vous entendrez monter comme une plainte

De ces rivages inconnus ;
Les déserts pleureront leur espérance éteinte,
Et les rochers seront émus ;
Mais quand vous reviendrez au port qui vous envoie,
N'annoncez pas votre malheur
A vos maîtres, dont l'or est le culte et la joie :
Ils riraient de votre douleur.

II.

Oui, le Seigneur est mort, puisque l'église ouverte
Vend aux profanateurs une enceinte déserte,
Où l'image du Christ attachée au carcan,
Penche un triste regard sur son culte à l'encan ;
Tandis que de la foi spoliant les ancêtres,
Aux galères des rois se vendent tous ses prêtres.
Il est mort, car il tombe : et le peuple abattu
Fuit le temple muet et l'autel sans vertu.
Israël affamé ne croit plus aux miracles,
Depuis qu'il est aux fers, livré par ses oracles.
Son désespoir se rue aux autels du veau d'or,
Las d'attendre que Dieu tonne et lui parle encor :
Et nul ne s'est trouvé que la terre promise
Pût encore émouvoir du zèle de Moïse !
Lâchement irrités nos pontifes sans foi,
N'auront su que briser les tables de la loi ;
Mais s'ils ont réchauffé leur parole empruntée,
Pour fondre à son creuset l'idole convoitée,

C'est que tous ces Judas, en calculant le prix,
Redoraient leur orgueil de ses futurs débris !
Oui, le Seigneur est mort, puisque les grands du monde
Font de son testament une débauche immonde,
Et jettent sous la table, en secouant leur main,
A des chiens tonsurés les restes du festin !

III.

Il est mort dans vos cœurs, stupides légataires
D'une sublime autorité !
Mais loin du froid cercueil des temples adultères,
Il est déjà ressuscité !
Lorsque Jérusalem obstinée à sa perte,
Eut chassé l'homme de douleurs,
Le Christ errant aux bords de votre âme déserte,
Tomba dans les mains des voleurs.
Vous l'avez dépouillé de ses doctrines pures,
Navré de profanations,
Et laissé tout couvert de fange et de blessures
Sur le chemin des nations.
Le docteur a passé sans voir son agonie,
Car tout enfle d'un vain savoir,
Il avait mis ses yeux au fond de son génie,
Pour être fier de n'y rien voir.
Le pontife a passé chargé d'or et de soie,
Et lorsque dédaigneusement,
Il a vu le mourant ensanglanter la voie,

Il a rangé son vêtement.
C'est à toi maintenant, pécheur de Samarie,
C'est à toi de le secourir;
Judas ne connaît plus l'humble fils de Marie;
Sauve ton Dieu qui va mourir!

IV.

Il est ressuscité loin du cœur des faux prêtres,
Et son visage las du froid baiser des traîtres,
A révélé sa gloire et sa chaste beauté
Au peuple qui d'abord l'avait persécuté.
Car lui-même a cherché ses brebis délaissées,
Où les mauvais pasteurs les avaient dispersées.
Il a suivi le cœur de ceux qui l'avaient fui,
Et l'héritier prodigue est revenu vers lui.
Et les Pharisiens dans leur orgueil s'étonnent
De voir que les Croyants partout les abandonnent;
Mais les aigles, fuyant l'infection des morts,
S'assemblent où Jésus fait revivre son corps.
Bientôt Jérusalem, en frappant sur Dieu même,
Une seconde fois brisera l'anathème;
Et souillant son calice aux vins de Balthasar,
Dira: nous n'avons point d'autre roi que César!
Mane! Thécel! Pharès! répondra le prophète,
Que le sang du Sauveur tombe sur votre tête!
Mais en vain votre espoir dans le second trépas,
Trempe aussi vos enfants; car vous n'en aurez pas!

Et vous resterez seuls avec votre parjure,
Comme l'oiseau des nuits au toit d'une masure,
Où vous trouvant un jour, sans haleine et sans voix,
La mort s'étonnera de vous frapper deux fois.

V.

Malheur à vous, docteurs, qui semez le mensonge
  Dans le champ de la vérité,
Et dont la tête aveugle, avec amour se plonge
  Dans la nuit de l'iniquité !
Dans vos froids arguments tenaillant l'évangile,
  Pour qu'il vous cédât son Enfer,
Vos pieds, pour l'ignorance accroupie et docile,
  Étaient des entraves de fer !...
De quel droit voulez-vous que je vous obéisse ?
  Vous n'obéissez pas à Dieu !
Comment m'échaufferai-je à votre sacrifice,
  Dont vous avez éteint le feu ?
Il faut vivre d'abord pour avoir la parole :
  Or, montrez-nous que vous vivez !
Faites parler le cœur et l'âme du symbole !
  Touchez-nous si vous le pouvez !
Quoi, vous vous lamentez de votre solitude !
  Mais, lorsqu'il s'élève une voix,
Autour de sa parole on voit la multitude
  Se suspendre comme autrefois.
Vous vous levez alors... pour imposer silence

A ceux qui font votre devoir ;
Car votre lâcheté repaît votre espérance
D'un égoïste désespoir !
Vous enterrez le ciel pour manger sa dépouille ;
Vous gardez la mort de Sion ;
Car pour la rebâtir, vous tremblez qu'on ne fouille
Dans votre abomination.
Vous craignez, si le Christ échappe de la tombe,
Où vous l'avez laissé dormir,
Que sur vos fronts pourris la Pierre ne retombe,
Pour empêcher Dieu de vomir.

VI.

Docteurs, qu'avez-vous fait de la parole sainte
Et du fruit de salut dont elle était enceinte ?
Car c'est à vous que Dieu l'a donnée a garder
Et que notre douleur doit la redemander !
Vous l'avez, a prix d'or, cent fois prostituée ;
Elle a voulu se plaindre, et vous l'avez tuée...
Jésus-Christ avait dit : faites régner mes lois ;
Et vous avez vendu son évangile aux rois.
Jésus-Christ a remis les clefs du ciel à Pierre,
Et vous dites aux fils des tyrans de la terre :
C'est à vous de régir la croix et l'encensoir ;
Car, auprès du Très-Haut, vous pouvez vous asseoir !
Après vous seulement laissez, par gratitude,
Notre pouvoir glaner un peu de servitude ;

Et ne redoutez pas un prophète nouveau ;
Car nous étoufferons les mâles au berceau !
Et le crime s'est fait !... et vous criez l'église,
Et l'église infaillible ! Et l'éternelle église !
Oui, l'église est vivante et ne peut se tromper ;
Elle a, devant vos fers, refusé de ramper.
Déjà tous ses enfants, que sans vous elle appelle,
Inspirés de sa voix, reviennent sous son aile ;
Tous se réuniront, près de leur mère : alors
On fermera la porte et vous serez dehors !

VII.

Prêtres, malheur à vous, à cause du blasphème
    Que vos désordres ont couvé
Vous avez égaré le céleste anathème,
    Et vos ennemis l'ont trouvé.
Ils vous en ont couverts comme d'un grand suaire
    Que vous n'avez pu déchirer ;
Car à peine les murs de l'étroit sanctuaire
    Vous permettaient de respirer,
Tant vous l'aviez naguère encombre de richesses !
    Tant vous le resserriez sur vous,
De peur qu'il ne laissât parvenir la sagesse
    Au ciel dont vous étiez jaloux
Et qu'avez -vous gagne ? Jésus-Christ vous renie
    Comme vous l'avez renié,
Et porte loin de vous sa doctrine bannie

Et son pouvoir calomnié.
Tandis qu'abandonnés à l'esprit de vertige,
Pour corrompre des sectateurs,
Vous allez à l'enfer emprunter les prestiges
De ses spectacles séducteurs :
Vous transformez le temple en ignoble théâtre,
Où les filles d'impureté
Étalent, pour les vendre à la foule idolâtre,
Leur voix lascive et leur beauté !

VIII.

Entourés jour et nuit de femmes insensées
Qui couronnent l'orgueil sur vos fronts sans pensées,
Endormis sur le joug que vous avez rompu,
Suçant comme un lait pur leur encens corrompu.
Vers la seconde mort vous vous laissez conduire
Par Eve qu'un serpent ne daigne plus séduire ;
Car l'enfer de ce soin se repose sur vous,
Et vous laisse régner au nom du Dieu jaloux.
La langue de la femme a pollué vos âmes,
Et croyant vos cœurs purs de tous plaisirs infâmes,
Vous allez bénir Dieu, le soir et le matin,
De n'être pas maudits comme le publicain !
Et vous vous complaisez dans la langueur funeste
Qui vous fait avorter l'adultère et l'inceste !
Moins pervers mille fois si votre chair en feu
Avouait sa révolte en renonçant à Dieu !

Car un franc criminel ne trompe au moins personne,
Il ne profane pas l'autel qu'il abandonne.
Mais quand l'orgueil lascif d'un eunuque abruti,
Calomniant l'amour qu'il n'a jamais senti,
Aux soins amollissants d'un sexe trop servile
Demande une innocence impure et non virile,
Le ciel sent qu'à la fin sa clémence est à bout,
Et l'enfer se détourne et rit avec dégoût.

IX.

Vous n'avez ni parents, ni frères, ni patrie,
Parias de l'humanité !
Comme le gui rongeur sur la branche appauvrie,
Votre sacerdoce est enté :
Vous avez renié le Christ pour votre père,
En le bannissant du saint lieu.
Le pécheur vous évite et n'est plus votre frère,
Dès qu'il s'est retourné vers Dieu.
Les pauvres ne sont plus les fils de vos entrailles,
Et n'attendent plus votre pain ;
Car, pour taxer plutôt leurs tristes funérailles,
Vous les laissez mourir de faim.
Vous aimez l'esclavage, et bouchant vos oreilles
Aux clameurs de l'humanité,
Du haut de votre chaire, envieuses corneilles,
Vous maudissez la liberté !
Et vous vous étonnez que chacun vous haïsse !

Et vos fronts luisants et poudrés,
Du mépris populaire affrontant le supplice,
D'insolence encor sont parés!
Et vous vous consolez d'un prétendu martyre
Dans la splendeur de vos repas,
Tandis qu'un monde entier naît, languit, souffre, expire,
Loin d'un Dieu qu'il ne connaît pas!

X.

Avant de vous frapper de son dernier tonnerre,
Le Christ est descendu pour visiter la terre;
Il a pris les dehors du pauvre que ses lois
Proclament bienheureux et préfèrent aux rois;
Puis il a dit: voyons ces anges de l'église
A qui de l'indigent la fortune est commise.
Mais il n'a pu franchir le seuil de leurs palais,
Et partout repousse par d'insolents valets
Qui nommaient leur seigneur l'invisible pontife,
Il s'est ressouvenu de la cour de Caïphe;
Il a dit: allons voir mon temple et mes autels,
S'ils conservent du moins mes décrets immortels.
Soudain s'offre à ses yeux un profane portique,
Dont eût presque rougi l'idolâtrie antique;
La, des comédiens parfumés et parés
Promenaient leur ennui sous des lambris dorés,
Où la musique impure empoisonnant l'oreille,
Apprenait aux chrétiens leurs danses de la veille.

Le Sauveur hésita devant le mauvais lieu ;
Il croyait se tromper, s'il n'eût pas été Dieu.
Mais un prêtre, invitant une prostituée
A prendre vers l'autel sa place habituée,
Repoussa brusquement le juge des humains
Qui sortit en cachant ses larmes sous ses mains.

XI.

Et les anges de paix ont voilé leur visage
Devant le deuil de Jéhova !
Et l'autel profane, se couvrant d'un nuage,
A crié : le Seigneur s'en va !
Mais vous n'entendez rien ! votre âme à plein calice
Boit l'iniquité sans remord ;
Et vos cœurs desséchés par la froide avarice
Se sont endurcis dans la mort.
La graisse qui se roule autour de vos poitrines,
Les enferme de toute part,
Et semble, aux coups prochains des vengeances divines,
Opposer un triple rempart.
Votre esprit s'est noyé dans le jus des viandes,
Pour ne plus songer à l'enfer ;
Et, vous avez rempli les sept bouches gourmandes
Des convoitises de la chair.
C'est pourquoi le Seigneur va vous surprendre à table,
Sans que vous l'ayez invité,
Comme des pourceaux gras qu'on tire de l'étable

Avec un croc ensanglanté.
Et le vin deviendra du fiel dans votre bouche ;
Et chancelants d'un lourd sommeil,
La mort vous étendra sur sa terrible couche
Qui ne voit jamais le soleil.

XII.

Et Dieu démêlera le bon grain de l'ivraie,
Car vous êtes menteurs, mais la parole est vraie.
Il va vous la reprendre, et, pour nous la donner,
Vous la faire vomir avant de vous damner.
Car vous étiez pour nous les gardiens du symbole,
Et vous enfouissiez l'or pur de la parole ;
Mais le Dieu que la tombe a connu pour vainqueur,
Va la rendre sans tache aux prêtres de son cœur.
Car Dieu, pour se tromper, n'est pas ce que nous sommes,
Et toujours dans le nombre il connaît sept mille hommes
Que son arche a sauvés du déluge du mal,
Et qui n'ont pas courbé le front devant Baal.
Ceux-là sont les pasteurs que les brebis connaissent ;
De leurs saintes leçons les agneaux se repaissent ;
Et l'on ne voit jamais leur troupeau dépérir :
Car pour le conserver ils sont prêts à mourir.
Ceux-là n'ont pas l'œil fier ni la langue mauvaise,
Leur pensée est un or que la vérité pèse,
Et leur douce parole est le dispensateur
Qui distribue à tous le trésor de leur cœur ;

Ils n'appauvrissent pas leur charité fertile
Dans les canaux étroits d'une raison subtile :
Leur raison c'est l'amour, et l'amour les unit ;
Et leurs sentiers sont droits, et le ciel les bénit.

TABLE DES MATIÈRES

Made in the USA
Columbia, SC
18 October 2024

f93c81df-abff-4047-bb97-108607ca4b5aR01